ユタに生きる 上巻

円 聖修 著
福 寛美 監修

南方新社

はじめに

このお話は前著『奄美三少年　ユタへの道』（南方新社）の続きになります。ぜひ合わせてお読みください。前著は私が高校二年生の時に奄美大島で起こった出来事で、通っていた学校全体を揺るがすことになった大事件と、奇怪な出来事を同窓生三人で乗り越えていくという真実の話を残したものでした。完結のつもりでしたが、著書を読まれたたくさんの方々から、その後の展開が知りたいとの声を頂き、高校を卒業し奄美大島を離れ、上京してから現在（二〇二三年）に至るまでに体験してきたことをまとめました。

第一章の前半は本編と関係のないようなくだけた内容となっておりますが、あえてそれを書いた理由は、ユタとして特別視されてきた自分ですが、実は皆さんと変わらない普通の人間、いやもっとズッコケた人間なんだということをまず知ってほしかったからです。飛ばして読んでいただいてもかまいません。また前半は時系列での不思議体験談の羅列ですが、その時の感じたままを純粋な目線で書き綴っています。この数々の経験がプロになってからの自分を支え、答えをくれたりと、後半の、私のスピリチュアルの考え方のまとめに繋がっていきますので、私と一緒に体験している気持ちで読み進めてください。ユタとしてスピリチュアルの世界を約四十年間見てきた私の経験が、きっと皆様のお役に立てると信じています。ぜひ最後まで読み進めて頂けますと幸いです。

ユタとは

福　寛美

ユタとは、奄美群島、そして沖縄諸島のシャーマンです。奄美ではユタガミ、と言われることもあります。ユタとよく比較されるのが、東北地方のイタコです。イタコは盲目の女性で、幼い頃に先輩イタコの家に弟子入りし、修行を重ね、イタコになります。青森県の霊場、恐山《おそれざん》でお盆の季節、イタコがホトケ（死霊）降ろしをする、ということをご存知の方もいると思います。これは、イタコが亡き人の霊を降ろして我が身に憑《つ》け、イタコを介して依頼者と亡き人が対話する、ということです。

イタコは霊界と現世を結ぶ存在で、ユタも同様です。ユタは霊的感受性の強い人、たとえば人の死を予見したり、霊を見たりする人が修行を重ねてなります。ただし、親がユタだから子もユタになるわけではありません。ユタの霊能が一体どこからくるのかは、今もって謎のままです。

かつてのユタの大きな役割は、病気を治すことでした。昔の病気に対処する方法は、薬草を用いることや、身体のツボを押す程度でした。多くの人々は貧しく、食糧も豊かではなく、環境も不衛生でした。そのような世界で、目に見えない神霊を我が身に依り憑かせ、病気に対処するための神秘的な方法を教示するユタは、人々の心のよりどころになっていました。ユタの教示した通りのことをして、西洋医学によって治らなかった子供の病気が治った、と話す人物に、筆者は最近会ったことがあります。ユタの霊能は、この科学第一の時代にも健在です。

沖縄にも昔からユタはいましたが、近世になってから迷信を助長する、として弾圧されてきました。そのため、表札を出さなかったユタもいた、といいます。第二次大戦後、ユタは次第に表舞台で活躍するようになってきました。現代はインターネットのホームページを持つユタも多く、かつてとは隔世の感があります。

奄美のユタについての古い記録は、幕末の薩摩《さつま》藩士、名越左源太（なごや・さげんた　一八二〇―一八八一）が遠島先の奄美について記した地誌、『南島雑話《なんとうざつわ》』に登場します。「ホゾンガナシ、一名ユタ」、「ホゾンガナシは法者」などの記述が見られます。

戦後、沖縄のユタ、奄美のユタについての研究が進んできました。奄美のユタ研究で最も著名なのは、二〇二一年に亡くなった山下欣一鹿児島国際大学名誉教授（一九二九―二〇二一）です。山下先生は、身内の上の世代にユタだった方がおり、ユタに深い関心を持っていました。鹿児島県立大島工業高等学校で教鞭を執られていた時期もあり、奄美群島の島々のユタについての研究書、『奄美のシャーマニズム』（一九七七）は奄美のユタについての画期的な著書です。

また、沖縄のユタについての研究も進みました。桜井徳太郎駒澤大学名誉教授（一九一七―二〇〇七）の『沖縄のシャマニズム』（一九七三）、大橋英寿（おおはし・ひでし）東北大学名誉教授（一九三九―）の『沖縄シャーマニズムの社会心理学的研究』（一九九八）は沖縄のユタに関する名著、と言ってよいと思います。

そのほか、比較的簡単に読める奄美や沖縄のユタについての著書も、最近はたくさん出版されています。ご興味がある方は、ぜひお読みになってみて下さい。

目次

装丁　オーガニックデザイン

ユタに生きる　上巻

第一章　島からの旅立ち

船旅

一九八五年三月、名瀬港の夜空に高らかと鳴り響く汽笛。東京へ向かうフェリー「波之上丸」の甲板に僕はいました。スピーカーから別れの名曲「蛍の光」が流れ、その音の隙間から聞こえてくる別れを惜しむ声や応援の歓声。

小さな奄美大島には大学がなく、就職先も少ないので高校卒業と同時に自ずと八割くらいが内地へと向かいます。まだ高校を卒業したばかりの十八歳の僕は、親からもらった四万円と入社式用の大島紬のスーツとネクタイ、姉からもらったフォークギターを持っていました。電車や雪もない島からの旅立ちは不安と期待でいっぱいでした。

甲板から下を見ると、さっきまで一緒にいた同級生や後輩の男女五～六人が見えましたが、その中に奄美三少年の二人である平君と盛君はいませんでした。平くんはお父さんがユタの道に反対して神棚を壊してから、ユタの世界から距離を置くようになっていました。甲板では恒例の五色の紙テープが船から見送りの人たちに投げられていました。うまくキャッチできなくて頭に当たる人もいれば、コントロールが悪くて全然違う人の方に投げている人がいて、和やかな笑い声も聞こえていました。僕も用意してきた五色のテープを友達に投げ、幸いうまくキャッチしてもらえました。まるで花火のように風に舞うものすごい数のテープ。握りしめたそのテープの先にお互いを感じながら別れを惜しみました。

甲板から真正面、待合ロビーのあるビルの屋上を見ると、母と妹、そして父が何か照れくさそうに視線を泳がせながら見送ってくれていました。僕が少し手を振ると、社交ダンスで鍛えたピンとした姿勢の父は腰に手を当てたままでしたが、母と妹は手を振ってくれていました。

いよいよ出港。汽笛が鳴り響き始め、お互い五色のテープをしっかりと握りしめました。段々と船が離れてゆき、友達は岸壁ギリギリの所まで来て、テープが切れないようにしてくれていました。一本、二本とテープが切れ、船は港を離れました。港のきらびやかな光と奄美大島の山々の全体が見え始め、一人ぼっちで島を離れる切なさが溢れて旅立ちの時を噛みしめました。

当時、東京までの船賃は学割で一万円もしませんでした。一番安い乗船券なので、当然僕の席は団体スペース。仕切りも何もない大部屋に、少し硬めの四角い小さな枕と船のマークの入った毛布一枚だけ。もしこれが修学旅行だったなら枕投げでもしたいところですが、周りには僕を知る人はおらず、僕は一人ぼっち。間違ってもそんな楽しいことなど起こるはずもなく、一人過ごしていると打ち消しようのない不安が湧いてきました。

重油のにおいなのか、船には独特なにおいがします。苦手な人は苦痛だと思います。横になってもエンジン音と背中に響く振動。背中にツボを刺激する突起物を置いたらマッサージ器になるかもなんて考えて、自分を笑わせる工夫をしながら過ごしました。

とにかく、眠りさえすれば〝あっ〟という間に東京に着くはず。二泊三日なんて大したことない、と何度も自分に言い聞かせながら、〝さっ、寝よう〟と毛布をかぶってみても、周りの話し声、テレビの音が耳を刺激します。スイッチを押してもいないのに、背中にはマッサージ器を当てられっぱなし、目はギンギラギンのままでした。

船はとても揺れるので、少し船酔い気味で食欲もありません。散歩でもしてこようかと客室から出てみました。すると階段の所で口元に紙袋を当ててうずくまっている人や気分が悪そうな人が目立ちました。しかし！　こんな中でも平気で仲間と地べたに座って、顔を真っ赤にして酒盛りをしている強者たちがいるではありませんか！　身体の構造がどうなっているのかと不思議に思うほどでした。

少し海風に当たりながら、果てしなく広がる水の惑星・地球の海の果てでも眺めてみようかと気取って、なんともない顔をして手すりに肘をかけてみました。しばらくして気が付くと隣に美しい女性がいて、長い髪が地球の風と戯れるようにそよいでいました。

なんと絵になる風景なんだろうとドキドキしながら横目で見ていると、なんとその女性は突然海に向かって嘔吐したのです。その光景を見た瞬間、なぜかつられて僕も思わず嘔吐。あくびの連鎖というのはよくあるけれど、嘔吐の連鎖は初体験でした。その女性は何度も嘔吐して、どこかに消えて行きました。僕もトイレに駆け込みました。その後、その女性を見かけることは二度とありませんでした。

そんなこんなで二泊三日の船旅を過ごし、いよいよ東京に到着。海のゆらゆらを体験した身体は、なんと一週間もゆらゆらの記憶を引きずりました。周りは揺れていないのに、自分が踏む地面だけが揺れている感じでした。

東京の地に初上陸した海洋生物のような気持ちで、奄美の山々ではなく巨大なビル群を見上げていました。そして駅のホームに近づくと、ラッシュの人ごみの頭が海のうねりのように見える方向へ進んで行きました。

まず初めに驚いたのは、人の歩くスピードと距離。奄美の人はめったに歩かないと言っても過言ではありません。一分以上歩く距離なら自転車や車を使いますし、タクシーでは大体ワンメーター。家族でタクシーを探しながら目的地に向かって歩くと、タクシーを拾うより先に到着してしまうことなどはよくある話。だから内地に行くと、皆痩せて帰ってくる理由がよくわかります。

駅の改札に向かう人の波に歩き遅れると、自分は田舎者とアピールしているような気がして必死に速く歩きました。電車などない島から来た僕は、駅員さんに何度も確認しながら電車に乗りました。乗り物に立ったまま乗るということなども経験がないので、しっかりと吊り革にしがみついていました。周りを見渡してみると、平然と吊り革を持たずに立っている人たちがいることに驚きました。あれが都会の人なんだ、自分もあれを出来るようにならねば、と少し慣れた頃に手を離してみました。電車が減速したと同時にバランスを崩し、とっさに吊り革に手を伸ばしましたが間に合わず、なぜか身体は直立のまま後ろへ。しかし、さすが東京。後ろにもたくさんの人が乗っていましたので、突っかえ棒のように僕の身体はピタッと止まり、電車の冷たそうな床に倒れずに済みました。この時から、電車に乗る時には吊り革を持たずに乗れるようになることが僕の目標となりました。

そして足立区の北千住へと向かいました。僕が勤めることになったのは、六十店舗くらいの美容室チェーン店。なぜ、美容室なのかはこれから説明します。

大島紬製造業を営む僕の父は演歌が好きでした。趣味で、キャバレーなどで演奏するアマチュアバンドのアコーディオン弾きもしており、歌うことも好きでした。NHKのど自慢大会で賞を取ったのがきっかけで東京からスカウトもやって来ましたが、貧乏だったので歌の道へは進まなかったそうです。

僕の幼少期、機織り工場兼自宅には人の出入りが多く、何かにつけて宴会が行われ、父はその度に僕を呼び、皆の前でアコーディオンの伴奏で演歌を歌わせるのが好きでした。僕もその時、はやっていた演歌歌手ぴんからトリオの「女の操」が十八番で、よく歌っていました。そんな影響もあってか人前で歌を歌うのが好きになり、夏祭りなどの機会があれば人前で歌っていました。

僕が中学に入る頃、演歌を押しのけてフォークソングブームが到来。姉がよく聞いていたラジオの「オールナイトニッポン」という番組から、演歌とは全く違う新しいジャンルの曲が聞こえてくるようになりました。

その中で同じ鹿児島県出身のフォーク歌手、長渕剛に心を奪われました。姉がいわゆるFコード

（指使いが難しい）で挫折したギターを譲り受けてギターを弾き始め、作詞作曲にも取り組むようになりました。そしてヤマハ主催のポピュラーソングコンテスト（当時、たくさんのミュージシャンを世に出していた）等にも参加するようになりました。

そして高校ではフォークソング部に入部、そして部長まで務め、いつかプロのミュージシャンになりたいという夢を持つようになりました。父と高校卒業後の進路の話になった時に、東京に行ってプロのミュージシャンを目指したいと話しました。父に「駄目だった時のために、まず何か資格を取れ」と言われました。そこで、僕はもともと人の髪の毛を切ったりするのが好きで、友達の髪の毛も切ったりしていたので、美容師の資格を取ろうと考えました。

学校に届いた美容室の住み込みの求人は、奈良県のものしかありませんでした。東京に行きたかった自分の気持ちを諦め、当初は奈良県に決めていました。でも、僕の気持ちを察してくれた姉が「同窓生が東京の美容室で店長をやっているから」と話をつけてくれたことがきっかけで、本当にギリギリのところで東京への道が開かれたのでした。

大型美容室チェーン店での入社式

他の新人たちが、いわゆる普通のスーツに身を包む中、僕は父が用意してくれた大島紬のスーツに大島紬のネクタイ、日焼けした真っ黒の顔。今考えると相当目立ったと思います。

僕にとって初めてのスーツ。誰もが同じ感じだと思っていたのに、皆の視線が身体のアチコチに突き刺さり、その音まで聞こえるようでした。奄美の海洋生物が未確認生物になったような注目度でした。

しかも世界三大織物の大島紬は軽くてシルクのような柔らかい着心地ですが、スーツとしてはその特質が生かされません。生地が伸びないので、スムーズに座ったり、身体の関節を動かしづらいのです。

おまけに、ご丁寧なオーダーによるジャストサイズなので、ピチピチでさらに動きにくい。皆が軽やかに動いているのに、僕だけ飛べない鳥のようにジッとそこに留まっていなければならなかったのです……（泣）。

（お父様、お母様、お願いです！　今日まで育てて下さりましてありがとうございました。どうか船旅と大島紬のスーツだけはお許しくださいませ）

そして挨拶が終わった後に何人かに話しかけられました。

「君は大島出身なんだね、あそこは東京都になるの？」

「いえ、伊豆大島ではなくて、奄美大島です」

「沖縄だよね？」

「いえ、鹿児島県です」

「電車は走ってないよね？」

「はい、僕のじいさんはいつも走ってますけど」

「海、きれいでしょう？」

「ブスではないです」

「暑いでしょう?」

「はい、自動販売機が日射病で倒れてます」

「島では裸足で歩いているの?」

「そういう方も見かけますが、僕はやけどするので一応草履を履いてます」

こんな会話が続きだんだん嫌になり、もうどうでもよくなってきました。東京の人は、こんなにも奄美大島のことを知らないんだとびっくりしました。そんなこんなで入社式も終わり、大島紬スーツを奄美大島に送り返しました。

(お父様、お母様、ごめんなさい)

僕が配属された店舗は新しい駅ビル「北千住ウィズ」のある北千住にありました。社員寮も同じ場所ということで、まずは社員寮に案内されました。なんと、その時知ったのですが、僕を東京へ橋渡ししてくれた姉の同窓生の店長は、理由はわかりませんが辞めてしまっていたのです。そんなこんなで誰も知り合いのいない所にお世話になることとなりました。

社員寮は北千住の駅から歩いて5分くらいの所にある平屋の建物でした。間取りはキッチン四畳と大部屋八畳と六畳の部屋。六畳の部屋は個室で最初からいるという先輩の部屋でした。僕は八畳の部屋に沖縄出身の二人と合計三人で均等のスペースをもらって雑魚寝するようなスタイルでした。

奥の個室の先輩は七歳くらい上で、ローラースケートのアイドルのような髪型で、いつも無駄に明るかったのを覚えています。

「森永のプリンは朝一番で食べるのが絶対おいしいんです」と、いつも熱く語り、カラオケでは「好きですサッポロ」をノリノリで歌う、赤羽出身の優しくて面白い人でした。

沖縄の二人は一年先輩でしたが、年も近く話題も合ってとても仲良くしてくれました。一人はまつげが長くマッチ棒を五本のせられることを自慢にしていました。もう一人は、チェッカーズのフミヤをすごく意識していて、いつも鏡を持っているか自分が映るものを探して自分の姿ばかりを見ながら話をする感じの人でした。僕のファッションのアドバイスをしてくれたり、髪をブローしてくれたりしました。

さすが美容師たち。それぞれにキャラが濃く、ありがたいことに僕にとって人間関係は恵まれていました。

入社後の生活

僕は寮から徒歩十分くらいの美容室に勤めることになりました。美容師は国家資格なので、まずは免許取得を目指します。裕福な家庭なら、まず美容学校に行かせてもらい、二年間で免許を取ってから良い給料で就職することができますが、僕の場合は親からもらった全財産四万円というお金で何とかしなければならない身分でしたので、丁稚奉公のように働きながら美容学校の通信コース三年間で資格を取るということになります。

勤め先の美容室は駅から近い商店街のビルの二階にあり、階段を上がって一号店と二号店が向かい合わせになっていました。私は二号店の配属でしたが、何かと両店舗合同でやることも多く、行ったり来たりしていましたので、一つのお店のような感じでした。キャラの濃い総勢十七人のスタッフがいました。朝八時には出勤してお店が終わるのが二十時頃。終わってからはお店で技術の特訓をして、帰りはいつも二十三時過ぎでした。島では毎日のように弾いていたギターを弾く時間もなく、いつしか手放すことに。

休みは週一交代制のため、職場の人と休みも合わず、友達のいない僕は見知らぬ街で一人で過ごす休日。それはそれは寂しくて、四カ月間はホームシックで一人湯船で涙をこぼすという経験をしました。

奄美から東京に来ている友達を探して会うこともできたと思いますが、姉から「東京に行ったら島の人に会わない方がいい。誰かが帰ると言いだしたら心が弱くなる」と言われていたので、それは守ることにしていました。

ある時、あまりに寂しくて人がたくさんいる所へ行きたくなり、当時大ブームだったディスコ、新宿の「ニューヨーク・ニューヨーク」に一人で行きました。踊りが好きなわけでも、踊れるわけでもなく、ただそこで誰かと待ち合わせをしているフリをして椅子に座ってじっとしていました。すると同年代くらいの女の子が二人、話しかけてきて、「目鼻立ちがハッキリしてるね～。メイクしたら映えるよ、メイクさせて～」と、持ちかけられました。

当時はミュージシャンで「安全地帯」の玉置浩二らの影響で男性化粧がはやり、化粧をして街を歩く若者が目立っていました。僕は美容室でも先輩たちに化粧されたり、髪の毛をピンクや紫に染められたりすることがあったので、特に抵抗なく言われるままに化粧をしてもらいました。特に何を話していいのか分からず、ちっとも面白みのない僕に飽きたのか、二人は化粧が終わったらそそくさと人混みの中に消えて行きました。またぽつんと一人になった僕は急に恥ずかしくなり、トイレで化粧を落としてからディスコを後にして帰りました。それからは一人でディスコに行くことはありませんでした。

給料は手取りで十万円もなかったので、到底、外食はできません。島になかったマクドナルドはお金持ちが食べる店だと思っていたので、通勤途中、毎日横目で眺めながら、お小遣い（服、お出かけ代）を何とか頑張って月二万円捻出するために、食費を抑えるしかありませんでした。初めての自炊、基本は肉ボールやウインナー等をおかずにし、月末にはご飯にマヨネーズをかけるだけでしのぐ、そんな暮らしでした。

スピリチュアルとは関係のない話はこれくらいにして、それではいよいよ東京に来てから体験した数々の不思議な出来事のお話しをしていきたいと思います。

火事

慣れない自炊生活が始まって揚げ物にチャレンジをしていた時、鍋の油に火が入ってしまい、パニックになった僕は鍋に水を入れてしまいました。瞬く間に火の柱が天井に向かってのび、ビックリした僕はその油を流しへとこぼしました。すると、さらに燃え上がった油が流しで広がりました。「もう駄目だ！」と思った時、走馬灯のようにいろんなことが頭の中をよぎりました。隣に住んでいるご家族のことや密集した下町の大火事、身体の力が抜け、何をすることもできずにいると、「ドンドン」とドアを叩く音がしました。

「ハッ」と我に帰り、急いでドアを開けると、サラリーマン風の男の人が入って来て、「大き目のタオルを濡らしてかぶせなさい！」と言ったのです。

台所のすぐ横にあった風呂場の湯船に水が入っているのが見えたので、側のバスタオルを手に取り、湯船の水に浸けて言われた通りにかぶせたら火は一瞬で消えました。そして男性も火が消えたのを見るとサッと姿を消しました。顔もよく覚えていません。あの時、この男性が現れなかったら間違いなく大火事になっていたと思います。正に危機一髪でした。

エスカレーター事件

北千住の駅ビルの長いエスカレーターの下で、美容室のチラシ配りをしている時でした。チラシをもらってくれる方の手元を見ている時、後ろで胸騒ぎを覚えました。振り向くと上りのエスカレーターの一番上の降り口付近で、エスカレーターに着物が巻き込まれて倒れそうになっているおばあさんの姿が目に入りました。その瞬間、僕は気を失いかけたように身体がフワッと夢心地状態になり、ものすごい勢いでエスカレーターを飛ぶように駆け上り、転倒寸前のそのおばあさんをしっかり両手で受け止めていました。

そして僕の口が勝手に、「誰かー！　布を切るハサミかカッターを持っていませんか！」と大声で叫んでいました。

着物がどんどん機械の中へ吸い込まれてしまうのを必死で抑えていると、近くの男性方が手を貸してくれ、誰かが着物を切ってくれて助かりました。

その時の自分はまるで何者かに憑依された状態でした。

日航ジャンボ機墜落事故

一九八五年八月十二日、僕は東京に来て初めての里帰りで、心躍らせて羽田に向かっていました。

しかし、空港に到着したのは飛行機が飛び立った後でした。なんと乗り遅れてしまったのです。どうしてよいか分からず、頭が真っ白になり、しばらく空港の片隅で泣いてしまいました。とりあえず引き返し職場に報告をしようと思い、技術練習をしている時間帯の美容室のドアを開けると、僕の姿を見るなり、椅子から落ちる人がいたり、「キャーッ！」と悲鳴を上げる人がいたりしました。ようやく一人が、「幽霊じゃないよね？」と聞いてきたので、「違います！」と答えると、「あなた、家に連絡したの？　ご両親も心配しているはずだから、すぐに電話しなさい！」と言われました。なぜだろうと思ったら、なんと僕が乗るはずだった飛行機が墜落したとのことでした。

職場の皆さんはニュースを見て職場に集まり、テレビに流れる飛行機に乗った人の名前の中から僕の名前を探していたとのことでした。これを書いている現在（二〇二三年）に至るまで、後にも先にも飛行機に乗り遅れたのはこれが初めてです。

水子の霊

ある朝、ポストに入っていたチラシに目を奪われました。

「霊視鑑定　三千円で致します」

東京はこういうチラシが入るんだな、すごいことだ。こちらから探さなくても向こうからやってくるんだ。しかも三千円なら僕の見習い給でも行ける。僕は申し込みの電話をして、地図を頼りに訪ねました。個室に通されて、目の前には白装束のおばあさん霊能師、まるでユタのようだと思い、ワクワクしました。この霊能師と、こんな会話をしました。

「あなた、お金貯まらないでしょう」

「はい」

「今のままでは長生きできないよ、大きな事故に遭って命落とすよ」

「えっ、どうすればいいんでしょうか?」

「あなたに水子霊がついている」

「僕はそのような覚えがありませんが」

「あなたのお母さんのがきている」

「僕のお母さんからそんな話は聞いたことないのですが」

「あなたのお母さんのお母さんからきている」

「おばあちゃんのことは、よくわかりません」

「早く供養をしないと大変だ」

「供養はおいくら掛かりますか?」

「普通の人間のお葬式と同じようなことをしないとならないから、二百五十万くらい掛かる」

「それは、僕には無理です」

「お金が貯まるようになって命も助かるのよ、お母さんに相談してみなさい」

「いや、うちは貧乏なので無理です」

「では時間は掛かるが三十万の滝行コースはどうだ、やるか?」

「貯金もないので無理です」

「お金ができてからいらっしゃい」

呆れたように帰された。

その時は雰囲気と脅しにも似た威圧感があり、お金があればお願いしていたかもしれません。しかし、祖母にも水子霊の覚えがないこともわかったので、インチキ霊能師ということも分かり安心しました。

その時代は、こんなふうに霊感商法が堂々と行われていました。霊感商法にまではいたらなくても「霊が視えるんです！」という人たちが、すぐに「水子が視える！」と脅すのは今も変わらない現実ですので、ここで僕は断言したいと思います。

「水子が祟るということはありません」

輪廻転生や前世の話をする人が、罪のない水子が人の身体や知性を持つ前に、その人を祟るようになるというのは筋違いの話だと思います。自分が真実を突き止めたわけではなく、ただの迷信や聞きかじりを鵜呑みにして、相手を黙らせ意のままに動かそうとする傲慢な方法です。僕は三十七年間、体当たりで霊と向き合ってきました。その中で水子の祟りと思われる事例はただの一度もありません。ただし、子供の霊が視えることはあります。

お客様と、こんな会話をしたことがあります。

「左肩に形になりきれなかった霊が視えます。赤ちゃん……だと思いますが」

「はい、やっぱり視えますか？　実は今日はその相談で来ました。視える友達から水子がついているから良くないことが起こると言われて」

「それは全くの誤解です。赤ちゃんが自分の意思でそこにいるのではなく、あなたが罪の意識で天に戻るはずの魂を掴んで離さないでいる、これが真実です」

「えっ！　確かに、私はあれから罪の意識で毎日毎日心の中で謝り続けています」

そのお友達にもそれが視えたのだけれど、解釈の仕方が間違っていたのだと思います。

僕がこれまでお客様から直接聞いた話の中で、このような事例がありました。

子供がスムーズに会話ができるようになる五歳頃、「僕は雲の上で、大きなスクリーンでお母さんを見て選んで来たんだよ！」、「一度お腹に入ったけど、長男になるのが嫌だからお姉ちゃんと順番を変えたんだよ！」など、似たような話を別々のお母さんから聞くことがありました。

このことからわかるように、子供は自分でお母さんを選んだり、止めて戻ったりしているわけです。このような子供が、母を恨んだり呪ったりすると思いますか？　今生きている人たちは、五十回前後の生まれ変わりをしている人が多いようです。その中で、水子になった魂がいつまでも母親を呪うような選択をするでしょうか？

お腹の赤ちゃんを親の事情で水子にしてしまったら、一度、心からお詫びをして見送ってあげて下さい。引き止めたり呼んだりしないで下さい。

「水子の祟りはありません」。これが真実です。

先輩からの宗教勧誘

十九歳。北千住の美容室で働いている時の出来事。

「円さん、今度実家にご飯食べに来ない？」

美容室で仲良くしてもらっている面白くて雪大福のような男性の先輩（二歳上）から、突然お誘いがありました。

「え、いいんですか？」

「いいよ～、奄美大島から来ている円さんのことを親に話したら、家に呼びなさいってさ」

僕はダンスを踊りたくなるくらい嬉しかったのを覚えています。なぜかというと、奄美での暮らしは紬工場兼自宅でしたので、常にたくさんの人に囲まれてワイワイしながらご飯を食べることが多く、東京での寂しい一人節約ご飯でホームシック気味だったので、久しぶりに人とワイワイ食事ができるという喜びに酔いしれたのでした。

そして、休みは合わせられないので、お店が終わった後、自主練習はお休みして先輩に連れられ、そう遠くないご実家へと電車で一緒に行きました。

ご実家はマンションの一室で、気さくで仲の良さそうな先輩のご両親に大歓迎され、奥の部屋へと通されました。襖を開けると長いテーブルが二台繋がっており、その周りに座布団に座る中年の男女十数名の人たちがいて、少し違和感のある笑みに迎えられたのです。

東京でも奄美のように親近者たちで集まって、宴会を頻繁にしているのかなと単純に思いました。僕も座布団に座り、その日のゲストのような扱いで、皆の違和感のある笑みと視線が僕に集まりました。いろいろと奄美のこととか質問され、僕も気持ちよく答えて十畳くらいの和室に笑い声が響き渡っていました。そして隣のおじさんからこんな話を切り出されました。

「君はＵＦＯとか幽霊とか信じるかい？」

「もちろん信じます」

そうすると、そのおじさんは待ってましたとばかりに、神様や仏様の話を熱く語り始め、僕は段々と頷くタイミングが自動化されていくようなテンポに、ただ流されていました。気が付くと皆と握手をしていて、何か約束をしていました。どうやらこの集まりは某宗教団体で、僕はうまく勧誘されていたようです。それでも悪い気はしなかったし、自分の勉強のためにも流れに乗ってもいいかと思いました。

後日、宗教施設にて入信の運びとなって、偉い人から仏様の魂を身体に入れてもらう儀式に参加することとなりました。この段階で、先輩は関係ない人となっており、僕の世話はご両親に委ねられていました。畳敷きの室内で、僕は言われるままに偉い人の前に姿勢をただして座り、お経を聞いていました。その後、偉い人が両手で持っていた長いバチのような物が僕の頭にゆっくりとあてられました。魂を入れる儀式です。すると僕はものすごい胸騒ぎと電流が身体に走りました。特に手の平がビリビリと痛くなりましたので、すぐに自分の手の平を見てみると、青い筋がはっきりと出ていました。僕は、これはただ事ではない、僕のユタの身体が拒否していると感じ、すぐにお世話して下さっているご夫妻に手の平を見てもらって、自分の状態の説明をしました。

するとご夫妻は、「これは魔が抵抗しているサインで、この宗教を信心すれば、すぐに消えて幸せになります」と言いました。

その次の日の朝早くに、いきなり僕の部屋にご夫妻が来て、信仰のための仏壇を設置し始めました。これは何としてもお断りしないといけないと思い、「お断りしたいのですが」と申し出ると、「この仏壇一式は私たちがお代を出しますから」と、ご夫妻は全く引き下がる様子がありません。

いよいよ僕が困っていると、僕の口からこんな言葉が出てきました。

「置いて行くなら、僕には必要ないので燃えるゴミの日に出します」

その言葉にとても驚いたご夫妻の顔が引きつり、無言でそそくさと仏壇を持ち帰りました。こういう時の僕はユタの道があり、指導霊の仙人様がついてくれているので何も怖くありません。

その後、先輩にお詫びしました。先輩の話によると、自分は親の信仰には反対も賛成もしていないが、親から頼まれると断りきれないとのことで、特に僕との関係にヒビが入ることはない様子で安心しました。それから、先輩の口から思いもよらぬ興味深い話を聞くことになりました。

「円さん、実は毎朝親が拝み始める声と同時に狐のコーン、コーンという声がどっからともなく聞こえるんだよ」と。

後に、この聞こえて来た声が狐霊だということがわかりました。

金縛り・親子の霊

美容室で働き始めてから、私の手はパーマ液とシャンプー剤で日に日に荒れていきました。指が固まり、少し曲げただけで皮膚が割れて血が噴き出していました。制服のボタンも留められないので出勤してから先輩に留めてもらったり、お客様からも嫌がられたり、ゴム手袋でシャンプーを施しても髪がつられて痛いとお客様からのクレームがあったりしたため、シャンプーもできなくなっていました。

半年ほど経った頃には、朝から晩までチラシ配りのみの仕事となりました。お陰様でチラシ配りの全国大会で、北千住という場所でも一位の新宿店の人に続き、二位のリターン率で表彰されました。しかしながら、毎日七千枚のチラシを配り、休みの日には皮膚科で赤いライトを当ててもらう治療を繰り返しても、皮膚はなかなか回復せず、先輩方にもいろいろ相談に乗ってもらいながら、一年少々で美容師を諦める決心をしました。

辞めるにあたっては寮を出なくてはいけません。そんな時、先輩から北区王子でルームシェアで部屋を借りないかと話を持ちかけられ、美容室の安い見習い給料で貯金もなかったので有り難く受けました。二階建ての古い長屋の二階の部屋でした。大家さんには内緒ということでバレないように出入りしなければならず、毎日ドキドキでした。

ある時、その部屋で金縛りにあいました。その日は眠る前から嫌な感じのするジメジメと暑い日の深夜二時頃でした。僕の身体が何かに押されて息苦しく、呼吸をするのもやっとで、思い切って目を開けると、窓の外は真っ赤に燃えて火事でした。僕は声も出ない、身体も動かせない状態で、何とか逃げ出そうともがいてやっと身体が動き（幽体の状態）、下に下りるための階段を探しましたが、煙がモクモク上がってくる所を下に逃げるしかない状況で、一歩踏み出そうとすると下から人影がこちらに上がってくるではありませんか。

人影が煙の中から近付いてきて、やっと姿が見えた時には着物を着て赤ん坊を抱えている女性が、焼けただれたものすごい怨みの形相で睨みながら僕に襲いかかってきたのです。その後どうなったのかは覚えていませんが、この時に僕は叫んだり暴れたりしたのかもしれません。ついに大家さんにバレてしまい、追い出されてしまったのです。その女性の霊は、きっと僕を追い出したかったのでしょう。

その後、中野坂上に住む奄美出身でお姉さんの元彼さんに声をかけて頂き、少しの間、居候させてもらいました。その後、バイトで出会った地方出身者からルームシェアを持ちかけられて池袋に住むことになったのですが、その人にお金を盗まれたり恐喝されるという事件が起きたので、そこも離れてなんとか方南町で一人暮らしのできる部屋を借りました。

美容室を辞めた後は、ホテルの配膳や警備員などのアルバイトを転々としながら、奄美時代からの夢であったシンガーソングライターを目指すことにしました。そのために、働きながら歌や芸を磨ける所をアルバイト情報誌で探してショーパブにも入りました。転々とアルバイトをする中で、配膳（ホテルの宴会場）の仕事がとても苦手でした。時給が良かったので続けていましたが、おかしなほど仕事が覚えられないのです。場所の影響なのか、大きなホテルの宴会だったので大勢の人の影響なのか、いつも頭の中にモヤがかかり、夢を見ているように現実感がなく、ボーッとしていました。そのためか、一人の先輩から皆の前で怒鳴られるなどパワハラを受け続けていました。

太鼓と歌の宗教

アルバイトの帰り道、歩道沿いに机を出していた手相占いの人と目があったので見てもらうことにしました。手相占い師とこんな会話をしました。

「あなたは霊障を受けています。ここを見て下さい、これがそのサインです」

「えっ⁉　どうしたらいいのですか？」

「お祓いをする所を知っているから紹介します」

「いくら掛かりますか？」

「一週間毎日通って頂きます。それで六万円です」

少し痛い金額ではありましたが、奄美を離れて霊的な人たちとの関わりも少なく、高鳴る気持ちを抑えられませんでした。

「受けたいです、お願いします」と、僕は言いました。

連れて行かれたのは住宅街にある少し大きめの日本家屋でした。共同生活をしているようで、皆が家族のように見えました。僕はそこで畳敷きの礼拝の部屋に通されて正座して手を合わせました。

横から太鼓の音が聞こえました。奄美の独自の太鼓（チジン）とは音の響きが違いますが、記憶の奥に響くような懐かしい打楽器の音とリズムは、僕を一瞬にして奄美へ帰してくれるようでした。

家族のように迎えて下さる方々がいて、ご飯をご馳走になることもあり、居心地が良かったです。もちろん宗教なのですが、母から同じ宗教の熱心な信者が親戚にいることも聞いていたし、その安心感もありました。

霊障のお祓いがうまくいったのかどうかはわかりません。特に僕の身体が霊障的な動きや反応はしていなかったので、最初から何もなかったのかもしれません。手相占いは宗教への勧誘が目的だったのでしょう。特にしつこく勧誘されたわけではなかったので、その期間だけで終わりました。

手かざしの宗教

二十歳になったばかりの頃、友達の知り合いから面白い話を聞きました。三日間の講習で、手からパワーを出すことができるようになり、病気などを治せるようになるというのです。その人も受講して、その技ができると言いました。「私は力が弱いけど、もっとすごい人がいる」と謙遜気味なその人のパワーを試しに受けてみることにしました。何か少し温かい感じはしましたが、特にすごい力は感じませんでした。しかし、彼女の口から出てくる話は、僕の霊能への探求心に火をつける話ばかりでした。話の内容はこうです。

この技は手かざしと言って、この技を受けると、先祖などで浮かばれていない霊が出てきて暴れたりする、と言うのです。

是非その様子を見てみたいと、志願して行くことにしました。そこは道場と呼ばれる大きな三階建てのビルでした。中は神聖な場所とされていて、清潔感があり広々としていました。上の階に行くと、向かい合わせで何組かの人たちが座り、一人は額に向けて手をかざし、受け手は目を閉じた状態で、それに反応して苦しそうに嫌がっているような仕草を見せていました。泣いたり叫んだりしている人もいました。まるで、前著『奄美三少年』の平少年に霊障が現れている時のような反応です。僕は案内して下さった人に質問をしました。

「手かざしをしている人は霊能者ですか?」

「いえ、霊能者ではありません。一般の人が講習を受けたら、誰でもできるようになります」

この返答に僕は驚きました。『奄美三少年』では平少年がおかしくなる度に身体を張って怖い思いをして学んだことが、たった三日間の講習を受けただけで、昨日まで普通だった人が誰でも安全に霊障の解決ができる技があるなんて、その謎を解きたい一心で講習を受けることと教会への入信を決めました。入信してからは、勉強会など参加できるものは何よりも優先して黙々と勉強していきました。友達を連れて講習会に行った時、その友達が突然こんなことを言い出しました。

「講師の頭上に輪っかのようなのが光って視える」

それを聞いて鼻息が荒くなるほど興奮し、目を凝らして視ようとしましたが、僕にそれは視えませんでした。

この団体は、定期的に地域の人たちにこの教会を知って頂くためのイベントを開催しています。

道場は一般の方々が出入り自由となり、世の中に起こる不思議な事象を説明する写真のパネルや読み物等が置かれました。やはり目的は、地域に受け入れられて入信者を増やすためです。

僕の役目は外でチラシを配り、一人でも多く会場に来て頂くことでした。ここで僕が北千住という街の美容室で鍛えた一日七千枚、同じ人にも何度も配るビラ配り技術と『奄美三少年』の不思議知識が爆発しました。歩いているご近所さんに話しかけます。

「今どこに向かって歩いてますか？」

「あそこのコンビニまで」

とか返事が返ってきます。その時に僕はこう言うのです。

「この場所からコンビニまで行くこの距離と時間を僕に下さい。今そこで不思議な出来事を集めた展示イベントを開催しています。五分程度で良いので、少し見て行ってくれませんか？」

こんな会話でほぼ百パーセントの人が一緒に足を運んで下さいました。これまでこの宗教のイベントで、こんなに人を呼び込んだケースがなく、会場の案内係はてんやわんやしていましたが、「まだまだ連れてきますので、呼び込みは僕一人に任せて案内にまわって下さい」なんて言って調子に乗っていました。

その日の終わりに教会の方々から褒められてスターになった気分でした。そんな全力投球の日々にも終わりがきます。大体の教義も技も学び、知りたい探究心も落ち着き、今度はここに集まる方々に興味を持ち、入信のキッカケや動機をインタビューして歩きました。ほとんどの方が、この手かざしの技がキッカケになっていることが分かりました。目に見えない神様を信じるキッカケとしては、十分だと思いました。僕のようにスピリチュアル探究心からの入信者は周りにはいませんでした。僕が疑問に思ったのは、この二つのどちらにも当てはまらない入信者です。

そして幹部になられている方々は神様の存在に対して確固たる確信を掴んでいるのだと思ったので、そのことをインタビューしてみることにしました。女性幹部でとても腰が低く、皆に対して言葉遣いも丁寧で尊敬している方がいたので、その方に決めました。かなり上の立場の方でしたので勇気を出して幹部室に出向き、「お話を聞かせてほしいです」とお願いしたところ、喜んで迎えて頂き、他の方たちも席を外させて初めての対面となりました。そして僕はズバリ、

「神様の存在を見たり触れたりしたことはありますか?」

と、お伺いしてみました。その女性幹部は少し驚いた表情をされましたが、僕の真っすぐな目をしばらくじっと見て、

「正直にお答えします。私は見たことも触れたこともありません。今もなお手探りで神様を求め続けています」

と、お答え下さいました。

とても真摯に対応されたことがとても嬉しくて感動しました。最後のインタビューにこの方を選んで良かったとつくづく感じました。この答えで僕のここでの学びが全て終了したことを感じました。入信して一年が過ぎていました。その後、所属するグループの班長から手かざしを受けている時に、突然僕の身体を使って指導霊の仙人様が言葉を話し始めました。

「この者はここでの学びの時間は終わったので、ここを脱会させてもらう」

班長は悪霊が出てきたのだと思って祓いの言葉を唱えました。悪霊なら、この技を受けると苦しみ出してのたうちまわったり、叫んだりしますが、相手は指導霊様です。背筋を真っすぐに伸ばしたままニコニコとしていました。班長はこれでもかと言わんばかりに声を荒らげますが、全く動じない指導霊様がいます。その声の大きさを見かねて、さらに上の立場の方が来ましたが、変わらずにそのまま終了となりました。僕は指導霊様の指示に従うことに決めて、ゆっくりと目を開けました。目の前には心配そうに見守る僕のグループの方々がいました。

「円さん大丈夫ですか?」

「はい、大丈夫です。今の方は、高校生の時からお世話になっている僕の指導霊です」

と答え、続けて、

「時が来たようですので、僕はここを脱会させて頂きます」

と告げました。そうしますと、皆さんとてもびっくりされていました。

「あんなに頑張って活動していたのにもったいない」

それからは、話の内容が少し僕を脅かすような内容に変わっていきました。

「以前の脱会者で、辞めた後すぐに交通事故で亡くなった方がいる」など、そんな話をたくさんされ、いよいよ僕は囲まれてしまいました。

「ペンダント(この教団員の命とも言うべき神様の魂が入っているというもの)を今すぐ返したいです」と伝えますと、教団側はどうしても受け取れないという一点張りでしたので、いよいよ僕はこの言葉を出しました。

「もし脱会させてもらえないのなら、このペンダントを開けます」
一同は水を打ったように静まり返りました。なぜならこの教団の教えで、最もしてはいけないことだったからです。班長は黙って丁寧に僕からペンダントを受け取り、僕はこの教団を去りました。この教団の教え自体はとても良いものでしたので、とても勉強になりました。

芸能界を目指す

東京に来た目的はシンガーソングライターを目指したいと父に伝えたことからでしたので、美容師を諦めた時点でそこに向かうことを決め、まずオーディション雑誌を購入し、キッカケになりそうなものを受けてみることにしました。一番最初に受けたのが声優のオーディションでした。台本が渡されて、そこに何パターンかのセリフが書いてあります。オーディション会場にはたくさんの方が来ていて、ベルトコンベアー式に審査員の前に立つと、いきなりその場でどのパターンを読むかの指示があり、素早く役になりきって発声。僕は一発で落ちました。

理由は明快です。「ナマっている」。そりゃそうだ。まだまだ島の方言ナマリが抜けていなかったのだから（笑）。

六本木のオールディーズのお店の専属歌手のオーディションを受けた時は、僕一人だけバラード曲で最終審査まで行ったのですが、苦手なロック曲も聴きたいとリクエストされて見事に落ちてしまいました。ロックはあまり興味がなかったので仕方がありませんでした。その後、劇団に入ったり、バンドを作ったりする中で、後に世界進出する日本のハチャメチャコント・グループの一人と知り合い、相方を頼まれてコンビを組み、半年くらいコントをしていました。

しかも彼は、なぜか僕が考えてくるネタが大好きで、すぐに「面白い！　それやろう！」と言ってくれて、僕もそれに応える幸せを感じ、毎日頭の中はネタだらけで、電車を降り損ねることなどしょっちゅうでした。その後、彼は知り合いを通じて某グループのメンバーになり、その中でも中心的な役割で世界進出を果たしました。あまりにパフォーマンスが過激すぎて日本より海外での人気が高まったようです。そんなこんなで、この方との出会いによって、歌以外の芸も身に付けることができました。

オーディションも五件目の時に、やっとお声が掛かりました。当時人気の俳優やアイドル女性も所属するプロダクションでした。審査員の一人からとても気に入って頂いて、僕のようなキャラクターを探していて方向性等が大体決まっているとのことでした。オーディション後にその方からあるホテルの一室に呼ばれ、僕のマネジャーになるという方も紹介されて、今後の売り出し方等の説明がありました。その中で耳を疑う話がありました。新人のうちは仕事をもらうために、男性プロデューサーと関係を持たなければならないということでした。そのことが、当時の聖書が大好きな僕には到底受け入れられるものではなかったのです。そして僕は芸能界を断念しました。今考えれば、他のプロダクションなど、違う入口を見つけられたかもしれません。

元暴走族霊の金縛り

二十歳を過ぎたばかりの独身の頃、東京都から多摩川という大きな川を挟んで、お隣の神奈川県にある新丸子という駅の近くの賃貸マンションに一人で住んでいました。この場所は、昔、赤線や青線と呼ばれる売春などが行われていた風俗街であったそうです。丸子橋は集団暴走族が爆音を鳴らして走ったり、多摩川ではよく水死体が上がったりするようで、私も一度目撃したことがありました。

この新丸子の多摩川沿いに住んでいた時は、いろいろと不思議な体験をしました。その時に経験した、忘れられない金縛り体験のお話をしたいと思います。

金縛りにあう時は、必ず部屋の天井の角に暗がりができるので、寝る前にわかります。この日もそうでした。空間の暗闇が、そこだけドットが薄いというか、違和感のある不自然な暗がりなので、すぐにわかります。

「あぁ、今日も金縛りか、嫌だな〜」と思っても、どうしようもない睡魔に襲われるので、寝てしまうことになります。

すると、やはり始まりました。足の先から、冷たいものとジリジリと静電気みたいなものがゆっくりと頭の方へ向かって這い上がってきます。耳の方に近づいてくると、ものすごい爆音が聞こえてきます。暴走族のあれです、「パラララ、パラララ、ブンブンー！」です。

いよいよ、頭の先まで全身が包まれた時には、音の中心にいるような爆音が響きます。すると、特攻服のハチマキ金髪リーゼントのあんちゃんが裸足で、寝ている私の一メートル上をガニ股で歩いて行こうとしました。

私は関わりたくないので息を殺すように過ぎ去るのを待とうとしました。しかし、ここで不思議なことが起こりました。私の中にいるもう一人の自分、おそらく全ての記憶を持った素の魂の自分とでも言いましょうか、その存在が目を覚まして、その暴走族のあんちゃんに向かって、「人の上を裸足で歩くとは何事だー！」と、叫んでしまいました。

私の肉体についている脳の自分は怖がっているのに、魂の自分はとても強気でした。もう少しで過ぎ去ろうとしていた〝あんちゃん〟は立ち止まり、背中越しから振り返り、血走った目を光らせてものすごい怖い顔で、「あ〜〜んっ！」と威嚇し、私の所に走って来て飛びかかり、しばらく首を絞められ格闘しました。

どれくらいの時間が経過したのか分かりませんが、私はひたすら、「ごめんなさい、私はあなたを救うことができません」と謝っていました。するといつしかスルッと手の力を緩めて消えて行きました。

この時、改めて思いました。霊とは戦うのではなく諭すのが一番いいと。

肉体から離れて星まで行った

ある日、いつもとは違う前兆のない金縛りが突然起こりました。

驚いたことに足の先から身体が宙に引っ張られて行き、いよいよ私の身体は逆さま状態で肉体から離れてしまいました（逆さま幽体離脱は姉も十代の頃に四～五回体験）。

寝相の悪い自分の姿もしっかりと見えて、ロフトで寝ていた状態から宙ずりでゆっくりと部屋を見渡すように旋回して行きます。さっきまで見ていたＴＳＵＴＡＹＡのレンタルビデオがテレビの前に乱雑に置かれているのを見ながら、恐怖心が湧いてきました。

このまま自分は死ぬんだろうか？　奄美の親はこれを知ったら悲しむだろうなとか、いろんなことが頭の中をよぎり始めました。

そんなことお構いなしに、私の身体はゆっくりと天井に向かって行き、肉体に戻ろうと思っても、肉体の筋肉運動のように身体を動かしてそこに戻るようなことは全くできません。

天井の壁に近付きながら、この壁を抜けるんだと思った時に、あろうことか、研究魂に火がついてしまいました。この壁を抜ける時に、壁という物質がどういうふうに見えるのか。全ての物質は分子が集まってできているといいます。ということは、この分子構造を見ることができるのかもしれないとワクワクし、心の中では「上がれ、上がれ」と唱え始めました。

いよいよ壁に突っ込む瞬間、一瞬暗くなっただけですぐに夜空が見え、屋根の上です。そしてまだ一度も見たことのない屋根の上を幽体という姿で見て、なるほどこういうふうになっていたのかと思いました。先ほどの恐怖はすっかりなくなって、周りの景色に夢中になっていきました。ちょうど、夜に飛行機が離陸する時に見る光景と同じで、家々の明かりが、おもちゃ箱のようにキラキラと光り、段々と模型の街みたいに見えてきます。

上に引っ張られる力はどんどんと加速していき、自分の身体から離れるほどに、何とも言えない幸福感に包まれていきます。重力から解き放たれて、身体の重みや不具合もなく、肉体が持つ食欲等のいろんな欲からも解放されて、呼吸する必要もなく、ただ、今まで体験したことのない幸福感に包まれるのです。

あっという間に生きていた記憶も消えていきそうな感覚を覚え、誰かと別れる寂しさもなく、これが死ぬということなのかと思いました。ならばもう重たい肉体には戻りたくない、永遠とも思える幸福感に包まれていたいと思い始めていきます。オモチャの街はやがて美しい青い地球へと変わり、地球上から見るのとは全く違う、周りの星の数に驚きました。

遠くの方に、なぜか一つの雲のような白い塊が見えてきました。どうやらそこに引き寄せられているようでした。近づくに連れて、雲の後ろに人が立っているのが見えてきて、それが指導霊の仙人様であることが分かりました。

私は「仙人様に直接会える、会って話したい、たくさん聞きたい」と思いました。

段々と仙人様の杖と身体半分が見えてきたその時です。身体の芯に響くような低い重低音の声で、「まだ、ダメじゃ！」と聞こえて、真っ逆さまに身体が下降していきました。

さっきとは逆に、地球が段々と大きくなって、オモチャの街並みが見えて、先ほどの屋根が見えたと思ったら、ものすごい衝撃で「ドスン」と身体に戻りました。目が開き、肉体の身体を動かすことができました。

自分の肉体に戻り、この経験から感じたこと。それは、「地球は本当に美しい。この美しい地球を神様は汚したくないんだろうな」ということ。

君もユタ？

ある日、新宿の居酒屋で遅くまで飲んで、帰りのエレベーターに一人で乗った時、私と同年代くらいの男の子がベロンベロンに酔っ払って、壁にもたれてユラユラしていました。私は絡まれないことを祈りながら、背を向けて下へ降りるためのボタンを押しました。すると、いつの間にか彼は私の隣に寄って来ており、私の顔を下から覗き込み始めました。

私はたまらず、「な、なんすか！」と切り返すと、彼はニヤリと笑い、ゆっくりと私の顔を指差し、「ユタ？」……。

思わず「はい」と答えてしまいました。そうすると、彼は子供のように無邪気な笑顔を浮かべて、「俺もユタ」。

彼は沖縄だというので私は奄美と答え、二人で喜びの握手を交わし、エレベーターから出た後は何事もなかったように、それぞれ別々に歩いて帰りました。

広い東京のど真ん中でユタに会い、多くを語らずとも、互いにこれまでの経験まで分かり合えたような不思議な出来事でした。

ＵＦＯ

休みの日に多摩川の土手で寝そべって空を見ていると、野球ボールのような白い球体二十機くらいがどこからともなく集まってきて、編隊を組むように筒状の形をつくり、空に吸い込まれるように回転しながら見えなくなるまで昇って行くのを見たことがあります。その時は、鳩かなんかのお腹の部分が白い球体に見えたんだろうと思っていましたが、近年、世界中で目撃されていて、ＹｏｕＴｕｂｅにもたくさん動画が上がっているＵＦＯと、とてもよく似ているということがわかりました。それによくよく考えてみると、鳥があそこまで高く飛んで行くのも考えられないと思いました。そしてＴＶのお昼のワイドショーでＵＦＯ多発地帯として同じ場所が取り上げられていて、子供や主婦等が出ていました。また、なんとその番組中にも球体のＵＦＯが現れて画面に映るということも起こりました。

もう一つ不思議なことがありました。夜中に窓の外に不思議な音とオレンジ色の光の点滅がありました。その辺で何か工事でもしているのだろうとそのまま眠りましたが、思い返すとあんな時間にする訳がない、あの音も聞いたことのない音でした。気になったので、その日の朝にその場所に行ってみると民家で工事車両どころか、車が入るスペースもない所でした。ＵＦＯが近くまで来ていたのかとも考えてしまいますが、今でも謎です。

その他にも、地元奄美大島で幼稚園の時のお泊り遠足で、皆で流れ星を観測している時に、光がものすごいスピードでいろんな方向に動くのを皆で「ＵＦＯだ！」と大騒ぎしながら見たことを記憶しています。現在（二〇二三年）はＵＦＯが「いる、いない」の話ではなく、未確認飛行物体がいる前提で「見た、見ない」の話をする時代になりました。ＵＦＯや宇宙人の実態に関してはまだハッキリしていませんが、これだけ目撃されているのに攻撃をする意志を感じないので、敵ではないと信じたいです。後の「第三章　セッション記録の宇宙人」のところでも書いていますが、私はＵＦＯを操っているのは未来人で、地球の寿命を守るために観察をしているのではないかと考えています。

日比谷線脱線事故

この日は日比谷線の始発で六本木から新丸子へ向かう地下鉄に乗りました。ほとんど寝ていなかったのでウトウトしていたところ、突然後ろから、肩を手の平で「バシッ」と、ものすごく強い力で叩かれて「ハッ」と目が覚め、振り返ってみると、ちょうど中目黒駅に差し掛かる手前のトンネルの中で、窓に映る自分の顔以外は周りに誰もいませんでした。

この出来事と何か関係があるのか分かりませんが、数日後テレビを見ていると、日比谷線中目黒駅付近で起きた脱線事故のニュースが流れていました。

※二〇〇〇（平成十二）年三月八日午前九時一分頃に帝都高速度交通営団（現・東京メトロ）が運営する営団地下鉄日比谷線において発生した列車脱線事故。死者五名、負傷者六十三名を出した。

前世の記憶を思い出す

一人暮らしをしているマンションでの出来事。激しい疲れと眠気に襲われてロフトの寝室に上がるために、ハシゴに手をかけ、グッと力を入れて身体を引き上げようとした瞬間に、「ハッ！」と一瞬で前世の記憶を思い出しました。このようなことは生まれて初めての感覚でした。

前世での顔も今の顔と似ており、肌の色も少し黒かったです。身長は百六十五センチくらいの小柄でした。緑のない高い山で、師に背中に文字を書かれていました。この記憶の真相が知りたくて（インターネットのない時代）、思い出した文字と着ている服などをスケッチして詳しい方に尋ねに行きました。

すると文字は梵字で、背中に文字を書かれる儀式は下山を許されたという意味で、着ている服などその他諸々から推測してチベット密教であるということが分かりました。付け加えてお話ししますと、当時の私は聖書崇拝で他の宗教には全く興味がなかったので、梵字さえも分かっていませんでした。それを知った私は、前世でチベット密教を学んだのであれば、あえて今世で同じことを学ぶ必要はないという気持ちになり、それ以上の詮索はしませんでした。

精神統一会

スピリチュアルを科学的に研究している歴史ある団体が行っている企画で「精神統一会」というのがあり、参加費もお手頃で何度か参加させて頂きました。ここでの不思議体験をお話しします。

精神統一のレクチャーを受けて、二十人前後で三十分くらい正座して精神統一を行います。目を閉じて精神統一をしていると、身体が外から燃えるように熱くなるのを感じ（幽体から見た肉体の体温だったのか？）、呼吸が苦しくて汗をいっぱいかいて大声で叫んでしまったと思ったら錯覚でした。おそらく幽体離脱をしかかっていたのだと思います。

そして、意識をしっかりと自分に向けて落ち着けていると、今度はどこからともなく、お線香のいい香りとともに、風鈴のようなとても心地よい、高い音程の金属音が「チリンチリン～」と遠くから耳元に近づいてきました。それは普通に五感で感じましたので、指導者が精神統一に誘う方法として行っているんだと思いました。

その後、霊感で視えてきたものがありました。正面の右側の隅に着物を着たおばあさんが視えました。背は低そうでしたが、背筋がシャキッと伸びているので存在感がありました。右手をお腹の所の帯を触るように位置させている座り方は特徴的でした。

精神統一が終わった後はお茶が用意されて、自由なお茶会が始まりました。ほとんどが中年以上の方々の中で一人だけ二十代前半の私は、参加者から見れば興味深い存在だったかも知れません。

お茶を入れて下さった常連さんのような気さくなおばあさんが私に声をかけて下さったので、いろいろと聞いてみることにしました。

「さっきお線香のいい香りがしたんですが、この部屋のどこを見てもお線香が見当たらないのですが、どこで焚いてたのでしょう？」

「あら？　あなたは霊感があるのね。それは亡くなった、前の精神統一会の指導者がいつもお香を焚いていたのを感じたんですね」

「その指導者というのは、（霊感で視た着物のおばあさんのことを伝えた）あそこの隅でこんなポーズで座っていたおばあさんですか？」

「まぁ、あなたはそこまで視えたんですか！　それは間違いなく前の指導者です。生前、私がこの世を去っても精神統一会の時間にはここに来て見守り続けると言ってらしたのよ」

「そうだったんですね」

「やはり、この時間にだけ、たまに線香の香りがするって言う方がいらして、私などは随分と長くこちらに通ってますが、一度もないわ」

「あと、鈴の音がしました」

「まぁ、それはすごいわ！　高級霊が近づいて来る時のサインと言われているのよ。その音を聞ける方は少ないと言われているわ。あなた、本当にすごい能力をお持ちなのね」

この精神統一会を守り続けている先代の指導者様のお力で、この体験をさせて頂けたのだと思います。五感で感じるレベルはそうそうないので、この場所が相当のパワーを持っているのだと思いました。

観音様が現れる

精神統一会の参加者にはプロの霊能者たちも多いのが特徴です。そんな中でお坊さんでもある霊能者と出会いました。この方の話によると、

「ある時、明治神宮で人があまりいない森の中に導かれて行ってみると身体が勝手に動き出して、何かを伝えようとしているようだった。再び紙と鉛筆を用意して来てみると、文字を書き始めた。それから同じ場所にきて自動書記でメッセージを受け取るようになった。それからその能力は進化して自宅の仏壇の前でも書けるようになったので、自動書記で人の相談にのるようになった」

とのことでした。

私がまだ二十代の子供だったせいでしょうか。随分とかわいがって下さって、のちに私が占い師デビューした時にも、明治神宮からの帰路に私の様子を見に来て下さったこともありました。

また、私も実際お宅に招いて頂き、仏壇の前で色紙に自動書記で書かれた「観音」という文字を頂きました。その色紙を家に持ち帰り、家の壁に貼って眠ったところ、とても不思議なことが起こりました。いつものようにロフトに敷いた布団で眠りました。すると横になってウトウトし始めた頃に、身体が十センチくらい寝たままの姿勢で浮きました。周りの様子もよく見えます。目の前には金色のドットが天の川のように見えてきました。そして人の気配がするのでその方向を見ると、

なんと、それはそれは美しい全身金色に輝く観音様でした。ゆっくりと私の方に来られるので、お姿を近くで見たいと思い、心の中で「もっと近くに来て下さい！」と叫んでしまいました。

その途端、観音様は、「ほ、ほ、ほ、ほ、ほ」と笑いながらスーッとあの色紙の観音という文字の中に消えてゆきました。出来事はそれだけだったのですが、観音様ご自身が色紙の中から挨拶に来て下さったのでしょうか。

気功師

ある日の精神統一会後のお茶会でのことです。周りはほぼ年配者の方々で二十代の青年は私だけでした。話が合うはずもなく、でも私は何か会話がしたくてそこにいました。すると斜め前に座っている五十代くらいの女性が、テーブルを挟んで私の隣りの常連さんの女性にこんな話を始めました。電車に乗っている時に前に座っている人の体の周りが青色に光って見えたけど、それが何か教えてほしいということでした。私はこの話題に入るチャンスだと思って、すかさず、

「それは、オーラが視えたんだと思います」

と言ってみました。すると、

「あなた、オーラを視ることができるの？」

「はい」

「私のオーラを視てほしい」

「いいですよ」

そう言って、オーラを視始めました。

「身体から真っ白いオーラが出ています。それと、大きな白龍が天に昇る姿が視えます」

と伝えると、ニコニコして普通の主婦のような雰囲気の人が突然険しい男みたいな表情になり、

「あなたこれからお時間ある？　少しお話ししたいことがあるから、一緒に来てもらえませんか？」

と言ってきたので、

「は、はい、いいですよ」と答え、ついていくことにしました。

その女性にはもう一人付き添いの人がいましたので、三人で喫茶店に入りました。そしてその人は自分のことを話し始めました。

「私はいろんな霊能者に視てもらってきましたが、光がまぶしくて視えないと言われたりで、私に白龍が視えると言った人はあなただけです」

「あなたは本物ですね。実は私はこういうものです」

そう言って名刺がわりに差し出してきた本。それは分厚い気功の本でした。

「これは私の一冊目の本です。私はこの気功の後継者で日本にこれを広める活動をしています」

と言って、自分のこれまでの話を始めました。横浜に娘と二人で住んでいること、今住んでいる家は高台にあって、偶然が重なり購入できたこと。

「その家に引っ越してからお風呂に入っている時、お風呂の中に大きな白龍が入ってきて私にあ

るメッセージを伝えてきました。私はあまりの出来事に娘を呼び、その龍がお風呂から外へ出て天に昇る後ろ姿を娘と二人で見ることができました。その後、私は万里の長城に行く機会があったのですが、そのツアー中、万里の長城の入口から何かに引っ張られ、身体が跳ねるようにどんどんと走って行きました。頂上にはお寺があり、私はそこに引っ張られました。周りには誰もおらず、老師が一人だけいました。

その老師に白龍から伝えられたメッセージを伝えると、『あなたでしたか。まさか日本人が選ばれるとは思いませんでした。その言葉を聞いたならあなたが後継者です。○○気功の全てを伝授致します』と言われ、奇跡的にわずか数日で全ての伝授を受け、それを日本に持ち帰り、この本を出版し、さらに教室を開いて教えています」とのことでした。

そしてその方と向かい合っていると、私の丹田は野球ボール状に熱くなり、プクプクとお風呂の中で泡が弾けるように、お腹の中で動くではありませんか！

そのことを告げると、

「私はいつも丹田を意識して訓練をしているので、それを感じたのかもしれませんね」

そしてこんなことを話し始めたのです。

「私の額を見て下さい。たんこぶのようになってきてるでしょう？　私の師匠は額のコブがハッキリと出ていたから、いずれ私もそうなると思うんです」

確かに額が少し膨らんでいました。そして道場に遊びにきてほしいというお誘いを受けたので、行ってみることにしました。

能力の検証

教えてもらった横浜の道場に行くと生徒さんが三十人くらいいて、女性は呼吸法などを指導していました。私は後ろから他の見学者と一緒に見ていました。終わりの挨拶の時に、その女性は皆に向けて大きな声でこんなことを言い始めました。

「今日ここに、今はまだ若いんですが将来日本で三本の指に入る霊能者の卵をお呼びしています……」

なんと、私の紹介をし始めたではありませんか。紹介が終わった後、生徒さん方が私の所に寄って来て、私の身体から出ている気を感じ取りました。私の気は普通の人より数倍も大きいとのことで、皆、興味津々でした。そして気功師の女性は一人の車椅子の婦人を連れてきて、この方を見てほしいと言ってきました。私がオーラの状態と、心臓について詳しく伝えようとしたところ、パッと気功師女性の手で遮られ、

「ここまででいいです、ありがとう」

と、その車椅子を押して離れて行きました。

その後、ご自宅に招かれました。その気功師の女性がエレベーターに乗る時等、ボタンは全て付き添いの人が押します。パワーがすごくて自分で押すと壊してしまうからだそうです。

「あなたは人の身体まで視えるの？」

想定外だったようでびっくりした様子で話してきました。

「他にも何かできるの？」

「特定の人にだけ、自分が視ている映像を脳に送ることができます」

「私たちにもやってもらえる？」

もちろん、私は喜んで引き受けました。まず一緒にいた娘さんからさせて頂きました。娘さんはうまくいき、私が視た天使たちの映像を送ったので、初めての経験に目を丸くして大喜びして下さいました。そして今度はその気功師の女性の番になりました。その女性はあぐらで座り、両手は印を組んで座り、目を閉じました。私は念を込めて一生懸命に送っていると、少し顔が赤くなり小刻みに震えて苦しそうに見えたので途中でやめました。

「私は映像は視えなかったけれど、あなたのこの気は何？　もう少し続けられると、私の身体は爆発しそうだったわ」

私のエネルギーはとても強いそうで、そのエネルギーの使い方に気を付けるようにアドバイスをもらって帰りました。楽しい経験になりました。

魔女占い師との出会い

美容師も駄目、芸能界も駄目、他の仕事をしてもボーッとしているか、勤める会社自体が潰れたり、人に騙されたりと人生駄目駄目人間になりそうな時、こんな私にも光が差し始めました。その当時のことをこれからお話しします。

コントをやっていた頃に知り合った女性がいました。親が小さなプロダクションをしている方でした。気に入ってもらえたようで、よく見に来て下さっていました。私がやっとメンバーを集めてバンドを組み、初めてのライブの時もチケット販売の協力をして下さいました。

その方が、今度有名な人を連れてくるから楽しみにしていてと言ってきたのです。その有名な人が誰なのか、全く見当もつかないままその日が訪れました。待ち合わせをしているお店に現れたのは、なんと当時圧倒的視聴率を誇っていたタモリさんが司会のお昼の人気番組「笑っていいとも」にレギュラー出演していた、宇宙人とコンタクトもとっているというキャッチフレーズのサイキッカー魔女タロット占い師でした。ド派手なメイクと魔女衣装はＴＶのまんまでした。普段からその姿だそうです。

もちろん店に入って来るなり、周りはザワザワして握手を求められていました。サービス精神旺盛な魔女占い師は、テーブルにタロットカードを広げて、集まって来た皆に一枚引きの占いを披露し始めました。もちろん私もその時一枚引きました。今でも忘れません。戦車というカードでした。その魔女占い師が、

「これはスピードを意味するカードよ、車とかジェットコースターとか速い乗り物が吉よ！」と言われたのを、ハッキリ覚えています。

まだまだその頃は東洋占いが主流でしたので、タロットそのものを見ることも初めてでした。その魔女占い師から聞いた話ですと、まだ日本に入ってきていないタロット占いをどうやって広めて

いこうかと四人のメンバーで話し合ったそうです。そのメンバーも後の占い界ではすごい人たちでした。魔女占い師は道端でやるのにも縄張りがあってやらせてもらえなかったので、同伴喫茶からスタートしてこの日本にタロットブームを作り上げたとのことでした。

タロットの教本等も洋書を取り寄せるしかなかった頃に、オリジナルのカード付きの解説書やビデオ等の制作にも力を入れていました。そして全盛期には渋谷と原宿に占いカフェ二店舗と、自身専用鑑定ルームを竹下通りのマンションに構えていました。そして魔女占い師を連れてきた女性は、なんと魔女占い師の直弟子だったのです。

「もしかして、あなたは視える人なの？」

衝撃的な出会いから数日後、女性からこんな頼みごとを頂きました。その内容は、渋谷の占いカフェのドリンクを作るアルバイトの子が交通事故に遭って一週間休むので、その間だけ代わりにアルバイトをしてもらえないかというものでした。時給六百四十円ということで、バブル時代においては決して条件は良くありませんでしたが、彼女には何かと恩を感じていましたので引き受けました。

奄美では占い師と呼ばれる存在はいませんでした。霊能の世界しか知らなかった私が、占いの世界に初めて足を踏み入れる瞬間でもありました。お店は渋谷のセンター街を通った雑居ビルの中にありました。約束の時間より早めに出勤して、誰もいない店の中の椅子に座って誰か来るのを待っていました。魔女占いのお店らしい、少し薄暗い雰囲気は、日常を忘れさせてくれるような異次元空間でした。部屋に入った瞬間、何か重たいものを感じました。やはり人が悩み事をたくさん置いていくのかな。そんなふうに思いました。霊的には天井に龍が視えました。壁に背中を付けるように椅子に腰掛けていると、一瞬、壁に穴が空いているんじゃないかと思えるほど、何かに吸い込まれる感じを受けたり、上の階から赤ちゃんの泣き声が聞こえたりしました。

ドアが開く音がして一人の女性占い師が入ってきたので、挨拶をして自己紹介をしました。

「上の階に新婚さんでも住んでいるんですか？」と尋ねてみると、びっくりした表情で、

「上の階は魔女占い師の事務所で、普段は誰もいないのよ」

続けてこう言いました。

「もしかして、あなたは視える人なの？」

その質問に対して、大まかに自分の能力についての説明をしました。さらにこの部屋に入って感じたことなどを話しました。すると彼女は、自分のカバンから大事そうに立派な小袋を取り出して、中に入っていた水晶を自分の手の平にのせて、これを見て何か感じることがあったら教えてほしいと言ってきました。私は感じたままに、

「この水晶の中に文字のようなものを感じます。霊能者の念が入っているようです」

彼女はとても大喜びした感じで、

「そうなのよ、あなたよくわかるのね」と言って、自分のこれまでの経緯などを話し始めました。

その後、他の占い師の方が出勤してきて、私は仕事内容などの説明を受けました。その間、私の

話を他の占い師の先生方にもしたようで、他の先生方も同様に私に対して興味津々で、いろんなものを見てほしいと持ってきたり、このお店の不思議現象などの話をしてきました。そこでの私の仕事は、カウンターの中に入り、占いの順番を待っているお客様からオーダーがあった時にハーブティー等を出すことでした。

慣れない仕事に油断して、お湯で指先を火傷したことがありました。私が水に指をつけてもがいていると、一人の男性占い師が「指を出してごらん」と言ったので、カウンター越しに指を出すと、その先生は手をかざしてヒーリングをし始めました。とても真剣に一生懸命にやってくれているのですが、私の指はよくなるどころか、冷やしておかないとどんどん痛みが増すいっぽうでした。私も引くに引けずに我慢してもう限界、という時にその先生のお客様が来られ、席を離れたので、すぐさま水に指を入れました。特に説明もなくヒーリングが始まったので、私は一体あれは何だったんだろうか、あの先生は何をしようとしていたのか、と思いましたが、謎のままでした。

占い師にスカウト

この仕事に慣れ始めると、カウンター越しでヒマそうに順番待ちをしているお客さんに、私がこれまで磨いてきた持ちネタを見せて笑わせるようになっていました。いつしか私の話が面白いというのが先生方の間でもお客様の間でも話題になり、一気にお客様が増えました。そして約束の一週間が終わるバイト最後の日に、滅多に来ないというオーナー魔女占い師がお店にやって来ました。

周りの先生方の緊張感が一気に伝わりました。

「円さんお疲れ様でした。この後、一緒に食事どうかしら？」

私は喜んでついていきました。すると大好物の焼き肉の店に連れて行ってくれました。とても上機嫌で、私に「たくさん食べてね」と、肉をどんどん焼いて食べさせて下さいました。労いというよりも、接待されているような感じがしました。それから魔女占い師からこんなことを言われました。

「あなたが入ってから急にお客様が増えたのを数字で見てびっくりして、何が起こったのかを他の占い師に尋ねたところ、あなたに会いに来るお客様が多いと聞きました。あなたはカリスマ性があるのね。占い師になったらきっと人気者になるわ。どうかしら、うちで占い師になってみる気ない？」と言ってくるではありませんか！

駄目駄目人生に一筋の光が差した瞬間でした。タロット占いを直弟子に教えさせるから、という話でした。当時は占い師の数も少なく、マスコミなどに出てくる占い師も同じメンバーで、顔なじみの先生ばかりでした。まず占い学校のようなものの情報もほとんどなく、プロの占い師になるには気に入った先生の所に通い詰めて直接頼み込んで弟子入りし、プロになっていくような時代でした。

プロになるには相当の根性とお金のかかる時代に、私は占い師側からスカウトされてタダで教えて頂ける上、デビューまでさせて頂けるという、とても恵まれた条件となった訳です。おまけにそこで出会った先生方からもかわいがって頂き、占星術や四柱推命等も私に教えたいと言って頂きました。そして私は、原宿のお店で働きながら占いを教わる流れとなりました。忘れもしません。原宿のロッテリアで大アルカナカード（タロットカードは大アルカナカード二十二枚と小アルカナカード五十六枚で構成されており、大アルカナカード二十二枚だけで占うこともできます）の解説を、一回二時間の二回、合計四時間、直弟子から習いました。後は自分でも魔女占い師の書いた本やビデオを見て勉強しました。

聖霊たちが起こした奇跡

そんな矢先、まだ一カ月も経たない頃に誰よりも早く出勤してゴミ出しに行った時に、魔女占い師そっくりのナンバー2の先生が私の所にやってきて、

「円さん、魔女占い師から言付けよ。あなたもう今日から来なくてよいとのことよ」

「え！」

私はあまりにも突然過ぎる出来事に頭が真っ白になり、特に問題を起こした記憶もないし、理由を尋ねたところ、

「私にも分からない。私はちゃんと伝えたからね。もうこのまま帰ってね」

あまりにも呆気ない、まるで拾った猫に飽きたから捨てて帰るみたいな後ろ姿を見ながら、悔し涙が溢れてきました。勝手に現れて私の人生に光を与えたようなフリをして、また暗闇の中に置き去りにする。前よりももっと暗闇に。そして本人は一向に姿を現さない。汚れ仕事は下のものにさ

せるとでもいうのでしょうか。

私は希望に満ちた竹下通りがどんよりとして見える中、重たい身体をゆっくりと動かしながら駅に向かいました。その間、私の怒りの矛先はこれまで霊的にコミュニケーションをとっていた男女四人の聖霊たちに向かいました。

「もしあなた方が実在している聖霊なら、今日中に私をプロの占い師にして下さい。もしそれができないのなら、あなた方の存在も霊界の存在も一生否定して生きていきます」

そんなことを心で叫びながら家に引き返しました。家に着くと、部屋の留守番電話がピカピカと光っていました。メッセージが入っていたので聞いてみると、原宿のお店にいた占い師の先生からでした。

「円さん聞いたわよ、大変だったね。お話したいことがあるので折り返し電話を下さい」

そしてすぐに電話をかけ直して、また原宿の喫茶店で夕方待ち合わせをすることになりました。

そこでの話はこうでした。魔女占い師は私がユタの卵であること、霊感を持っていることを全く知らなかったらしく、それを知ってとても怖がっていたということでした。そして彼女の口から思いもよらない言葉が出てきたのです。

「円さん、私の仲間が今度竹下通りに占いのお店を出すの。私もそこに移るつもりだけど、あなたをそのオーナーに紹介したいの」

とても驚きました。身体が震えました。私はまだ勉強中で何もできないと伝えると、

「あなたなら大丈夫。私はあなたの能力は本物だと思うから」と言って下さいました。

そして、近くだからこれからすぐにオーナーに会いに行こうという急展開になりました。私は面接を受けるつもりで行きました。日程を決めて実技オーディションをするものだと思っていたのです。紹介された男性オーナーに会った時、

「円さんだね、話は聞いているよ、明日から来られる?」

「え!」

なんと、プロの占い師として明日から店に来てほしいと言っているのです。

「あ、あのう、オーディションは?」

「信頼の置ける先生が太鼓判を押して紹介してくれたのに、オーディションするなんてそんな失礼なことはできないよ。大丈夫、僕の目にも狂いはない。君ならできる。明日からよろしく」と握手をしてその場を離れました。

また朝と同じ原宿の竹下通りを歩いて帰ります。その足取りは軽く、朝とはまるで違う光に満ち溢れていました。この道の先に明治神宮があります。まるで神様も喜んで下さっているような気がしました。私はこの喜びと感謝とお詫びを聖霊たちに伝えずにはいられませんでした。

「聖霊たちへ。私はこの出来事を一生忘れません。誰がなんと言おうとも、霊界の存在を一生信じ続けます」

タロット占い師デビュー

奇跡のタロット占い師デビューとなりました。緊張の出勤です。着ていく衣装は、ショーをやっていた時の赤色の派手な上着がありましたのでそれを着ることにしました。教会の売店で購入した木製の大きめロザリオを持って行くか悩みました。自分の身を守るものとして、それがほしかったのです。しかし、しょっぱなからこんな目立つ十字架を着けて行くと、変な人と思われるのではないか、という不安があったのです。とりあえず首にはかけないで持っていくだけ持って行って、状況を見て、首にかけることにしました。

朝十時オープンに合わせて早めの九時三十分頃に到着しました。すると一人だけ女性占い師がいました。軽く挨拶をすると、その占い師が不思議なことを言い出すのです。

「私、昨日夢を見たんです。新しい占い師がお店にやってきて挨拶をしました。私はその占い師に、なぜか十字架をしなさいって言っている夢でした」

それを聞いた私は、

「十字架してもいいんですね、ありがとうございます」

と言うと、彼女は首をかしげていましたが、私はバッグから十字架を出して自分の首にかけました。

「そう、それ。あの夢はあなただったの?」

実はこの夢には続きがあって、そのことは随分後に聞かされました、夢に出てきた私はものすごい力があり、彼女は抵抗できない力の渦に吸い込まれていく夢だったそうです。そのため、最初は私のことを怖がっていました。

この女性との出会いが、私のこれからの運命を変えることになるとは、この時お互いに何も気付いていませんでした。

原宿に二店舗の占い店を構え、両方それぞれにオーナーがいて、オーナー自身がものすごい人気占い師でした。その他にキャリア占い師と新人占い師が半々くらいいて、全部で十名ほどでした。私の占い師名を何にするか聞かれた時に、

「私は聖書大好きですので、単純に救世主を意味するメシアなんかどうでしょうか」と言うと、それはストレート過ぎるから〝ミッサイヤー・ハル〟にしようとなり、とりあえずの占い師名を決めましたが、この名前の寿命は短く、やはり自分の占い師名なので真剣につけようと思い、円聖修にしました。

私の現在の名字は田中ですが、おじいさんの代までは圓（旧字体）だったのです。終戦後本土に働きに行く時にこの一文字性が中国人と間違えられるからという理由で、当時大好きだった昭和の大総理大臣、田中角栄からとって田中にしたといいます。なぜこんなに簡単に名字を変えられたかと言うと、薩摩から琉球制圧時に沖縄三文字、奄美一文字性にされたという暗い歴史があり、そのせいもあって名字を変えることが認められていたのではないか、と歴史書に書いてありました。

私の本家のある、おじいさんの生まれ育った村は、円《えん》集落といいます。バス停、公民館、小学校

も円です。お墓へ行くと圓さんだらけです。〝先祖の先に神あり〟と思っているので、先祖の神様にもちゃんと見守ってほしいという意味があります。そして聖修は聖人になるために一生修行をしていくという意味です。この時代は表の看板に霊視をアピールすることはできなかったので、霊能の部分は隠してタロット占い師としてのデビューでした。

初めてのお客様

とにかくカードさばきだけは慣れた手つきでやろうと決めていたので、初めてのお客様に入るギリギリまで猛特訓していました。初めてのお客様は高校生の女の子でした。お年玉の三千円を持って恋愛相談に来たとのことでした。カードを見事にきれいにシャッフルして、パッパッと手際よく並べ、さぁ、いよいよカードを読み、鑑定結果を伝えようと並んだカードを見たら、なんと緊張で頭が真っ白になり、何も読めません。身体が熱くなり背中に汗が流れます。

そうだ、カードを読むふりをして霊視で答えればいい、カードの意味など聞かれたりしないように間をあけないように喋ろう。とっさにその方法に切り替えました。相談者の質問は、今、彼氏がいないが、いつどんな彼氏ができるかということでした。霊視をしてみるとカップルが視えました。彼女は恋人はいないと言っていましたが、現在進行形の彼氏だとわかりました。

「あれ？　彼氏いるんじゃない？」

「いません」

「おかしいな。身長百七十三センチくらいの痩せ型で、田原俊彦みたいにハンサムで赤のスタジャンにGパン履いている人なんだけど……」

相談者は顔色一つ変えずに、やはり心当たりがないと言います。

「そしたら、こういう人と未来に出会って、あなたの恋人になるんだと思いますよ」

と伝えると、やはり表情一つ変えずに帰って行きました。

私は、自分の霊感が狂ったのかな、などと考えながら、トイレに行くために店を一旦外に出て歩いていると、前から見覚えのあるカップルがイチャイチャしながら歩いてくるではありませんか！なんと、さっきの相談者が霊視で視たのと同じ彼氏と歩いて来たのです！　向こうも私に気が付いてすぐに顔を隠しましたが、一体彼女は何の目的で占いに来たのでしょうか。もしかすると今の彼氏は遊びで付き合っていて、もっといい男性が来るのを待っていたのかもしれません。

そして占い師になって初めてたくさんの女性の本音に触れました。今までTVドラマ等の影響で思ってきた女性像と随分と違うことがわかり、かなり衝撃的でした。

占い師になると先生と呼ばれます。何をやってもダメダメの自分が先生と呼ばれ、お金を頂ける身分になりました。これは父の背中を見てきたお陰かもしれないと思い、感謝の気持ちを電話で伝えるのが恥ずかしかったので、何を思ったのか電報で作文を送ってしまったのです。父はいきなり電報が来たので、何かあったのかととても驚いたといいます。そして父から電話で照れくさそうに初めて「ありがとう」と言われました。

未来写真

「不思議な写真があるので見てもらえませんか？」

目の前の二十代の女性がそう言って、バッグから一枚の写真を取り出しました。

そのお客様は小柄な方で、ボブヘアに黒ぶちメガネをかけていました。写真は変色していて、一目でとても古いものだとわかりました。若い女性と、その腕に抱かれた赤ちゃんが写っている幸せいっぱいの写真。赤ちゃんは目の前にいるお客様で、赤ちゃんを抱いている方はそのお客様の母親とのことでした。

「ここを見て下さい」。彼女は、写真の赤ちゃんの左肩を指差しました、見ると、そこにはもう一つの顔が、誰が見ても分かるくらいはっきりと写っていました、それも……カラーで。

丸い鏡に映るように顔だけが写っています。それをじっくり見ているうちに、あることに気付きました。二十歳くらいの女性、ボブヘア、個性的な黒ぶちのメガネ……、そう、それは今、目の前にいるお客様の顔（混乱してきた……）。

写真を彼女の顔の横に並べて見ても、やはりよく似ています。生まれたばかりの自分の写真に、二十年後の自分の顔が写っている……。あれは一体、何だったのでしょうか。彼女の顔も写真もいまだに忘れられない、不思議な体験でした。

生まれたばかりの赤ちゃんを見ながら、その子が将来どんな顔になるか想像を巡らせたことがあるでしょう。そんな時、実は違う次元ではもう未来の姿ができ上がっていて、特殊なレンズを通せば赤ちゃんの後ろにそれが浮かんで見えている……。

昔のカメラのネガをプリントする業者の多くは、変なものが映っている写真は現像してくれませんでした。あなたの引き出しの奥に眠っている古いネガフィルムの中から、未来の自分が写った写真が現れるかもしれません。

その彼女は他にもこんな体験を聞かせてくれました。

学生の時に学校に水晶球を持って行って自分の机に置いていたら、何かの弾みでそれが机から床に落ちていった。心の中で「止まれ！」と叫ぶと、床スレスレのところで止まって浮いていたので、誰にも見られないように素早くそれを手で拾った。また、別の時には、自分の持っていた紙幣が目の前の空間に吸い込まれるように消えていったこともあったそうです。にわかに信じがたい話ですが、未来写真を見た後は疑う気持ちは起こらない。常識では考えられないことが、この世にはまだまだあるのだと思いました。もっともっと知りたいという気持ちに火がつく出来事でした。霊界探求は止められません。

同僚占い師を霊視する

十字架のことを教えてくれた同僚占い師が、自分のことを霊視してほしいと言ってきました。霊視をしてみると前世のようなものが視えてきて、漁に出たまま帰らぬ人となった父親のことを追いかけて、五歳くらいの男の子が海に溺れるシーンが見えたのでそれを伝えました。彼女は驚いた顔をして、「私は五歳くらいの頃、突然海で溺れる夢を何度も見るようになり、プールに行くと母親に『溺れる、溺れる！』と叫ぶようになり困らせた、その理由がやっとわかった」と言って、とても感動してくれました。そして私に「手を出して」と言うので手を出すと、私の手の中に一万円札を握らせてきたのです。

この時の私は、神様から頂いた力でお金をもらうと能力がなくなると本気で思っていたので、びっくりして、「私は霊視でお金をもらったことはありません！」と伝えると、「円さん、あなたの霊能力は本物よ。今の私にはこれだけしか払えないけど、あなたの能力なら東京は十万円よ、私は本物に逢いたくて随分と霊能者探しをしてきたからわかるのよ」。

続けて彼女からこんなことを言われました。

「無料で霊視をしちゃダメ、東京の相場が崩れることにもなる。私が霊視を必要としている人をちゃんと連れてきてあげる」

「円さんがお金をもらうのが嫌なら、私が代わりにもらって、そのまま円さんに渡すから、いい？」

彼女は占い師の先輩で、歳も二つ上の姉御のような頼りがいのある人でした。その同僚占い師はいつも誰よりも早く来て、誰とも話さずに無表情で、お客様がついていない時はひたすら分厚い本を読んでいました。タロットだけに限らず西洋占星術など数々の占いを各師匠の下でとてもよく勉強していて、私はそんな彼女の姿を尊敬して見ていました。彼女は占いの勉強でいつも早く帰っていました。誰とも話さず皆より早く帰り、私と話すのを見られるのも嫌なのか、誰もいない時に話しかけてくるようでした。

ＥＳＰ実験

彼女は直感みたいな力がとても鋭いので、何かエスパー的な力を持っているのではと思い、私の興味から実験に協力してもらえないかと頼みました。実験というのは透視実験です。ＥＳＰカードという五種類の星とか波とかの簡単な絵が書いてあるカードを使い、裏返しにしてそれを当てるというものです。まず五種類のカードを絵が見えるようにして一列に並べます。それから残りのカードを裏側にして何が書いてあるか見えないようにしてシャッフルします。そのカードを、五種類の同じものだと思うカードの下に並べていくというものです。彼女は最後の一列を外しただけで、なんと続けて五列も当ててしまったのです。

こういう人は初めて見ました。超能力の分野です。彼女は完全に直感型で少しでも考えると駄目だそうです。そのためカードの選び方は迷いがなく早いです。最後の一列だけ少し考えてしまったようで、迷いがあったことはこちらから見ても分かりました。

ある時、エレベーターの中で彼女と二人になりました。彼女のオーラがとても暗かったので、それを告げて別の日にお祓いをすることになりました。北海道生まれの彼女の中に子狐の霊が隠れているのが分かりました。『奄美三少年』の時に、身体を張って学んだ浄霊の方法を使いました。私は火の神様にお願いをしました。すると火の神様が私の身体の中に入ってきました。それから私の身体を使って浄霊が始まりました。この子狐の霊は随分と前からすみついていたようで、彼女に執着しており、なかなか離れようとはしません。しかし私は何とか説得し、離れてもらいました。浄霊の間、彼女の身体はとても重たくなり、とても苦しかったそうです。

浄霊が終わった後は身体がとても軽く快適になったそうです。それと私から見ていて表情や雰囲気がとても柔らかくなりました。不思議なことに子狐の霊が抜けてからはＥＳＰカードが全然当たらなくなってしまったのです。狐と超能力というのは何か関係がありそうです。超能力をつけたい場合は子狐様にお願いしてとりついてもらう、というのもアリなのかと思ってしまいました。

占い師を辞める

占い師デビューを果たし、半年が過ぎた頃からお店の雰囲気はどんどん様変わりしてしまい、気が付けばなんと私一人になってしまったのです。初めの頃は占い師以外のスタッフ、竹下通りで看板を持ってチラシを配るアルバイトの男の子や受付、案内係の女の子などもいました。若手の占い師の先生方も五人くらいいてワイワイと賑やかだったのですが、みんな辞めたり一号店に異動になったりで、私一人になってしまったのです。私は一人で出勤してお店を開けて、暇な時も一人で過ごします。朝の早い時間はお客様もほとんど来ないので、私も段々とダラダラと出勤時間が遅れるようになり、やる気もなくなってきて占い自体に対する気持ちも冷めていきました。

なぜ辞める人がいるのでしょうか。占いは人気稼業ですので、特に男性占い師からは見えない女性占い師の世界があり、嫉妬や足の引っ張り合いがあったようです。自分の恋愛を占うようになってノイローゼになってしまった人、お客様からのクレームで自信をなくした人、稼ぐのはなかなか難しいと諦める人などもいました。

そして同僚占い師はというと、一号店の方に異動になりました。一号店には将来たくさん本を出したり、メジャーで活躍していくことになるメンツが揃っていました。私も一号店に来るようにとお話を頂いたのですが、その頃には辞めることを考えていたのと、マルチ商法にひっかかり借金をつくってしまい、占い師だけで返済していくのは難しいので、早朝と夜に掛け持ちでアルバイトをしていて、それにも疲れてしまった、というのが一番の理由でした。私はせっかく聖霊たちの後押しもあって占い師デビューを果たしたのですが、一年弱で辞めることになりました。もう占い師をすることもないだろうと思っていました。

霊能師デビュー

占い師を辞めてから一年が過ぎる頃に、私に無料で霊視をすることは止めなさいと言ってくれた同僚の女性占い師から電話がありました。同僚占い師も私が辞めたあと、すぐに辞めて独立をしたとのことでした。百名の顧客にハガキを出したものの、来てくれたのは三名のお客様だけで、そのお客様が応援してくれて、口コミで何とかやっているということでした。そして私に電話したのは、自分のお客様で、占いでは解決できない霊障のお客様がいるので手伝ってほしいとのことでした。

私は喜んで「やります」と伝え、引き受けることにしました。これが私にとっての霊能者デビューとなりました。

私は昼間に別の仕事をしていたので、毎日夕方の時間に彼女に電話を入れてお客様がいるかを確認し、いる時に同僚占い師の自宅兼セッションルームに行くという流れでした。私のその時の鑑定は、いろいろ試行錯誤した結果、チャネリング（その人の守護霊様を自分の身体に降ろして実際に対面会話してもらう）というスタイルをとることにしました（二〇二三年現在ではマブリワーシ（口寄せ）というメニューで行っています）。

彼女は約束通りに霊能でお金をもらうことに抵抗感を持っていた私の代わりに料金を受け取り、何の手数料なども取ることもせず私に渡してくれました。私のチャネリング守護霊セッションは次第に口コミで広がり、段々とお呼び出しが増え、ほぼ毎日のようになっていきました。

身体のツボが視えた

ある日、いつものように同僚女性占い師に呼ばれて、その部屋にいる時でした、待合室にいる時に、女性占い師のお客様が順番待ちで二人いました。友達と一緒に来て、その友達の占いが終わるのを待っている一人の女性と中国人の男性でした。突然女性の方が背中に手を当てて苦しそうに唸り声を上げ、うずくまり始めました。それを見た男性が「背中痛いですか？　大丈夫ですか？」と声をかけると、女性は「生理痛が酷くて……」と答えました。すると、男性は「私は中国で医療気功を十年学んでいますので治せます。気功をやってみていいですか」と言って立ち上がって、両手の平を女性の腰の方に向けてヒラヒラと動かし始めました。私は初めて目の前で中国医療気功というのが見られるとあって、ワクワクしていました。するとほのかに何かが手の平から出ているのを感じるとともに、それよりも最もハッキリ視えてきたものがありました。

女性の背中に十円玉くらいの白い丸が均等に並んで二つ視えてきたのでした。私はそれがとても気になって集中していると、その白い丸の場所を押してみたくてたまらない衝動にかられました。あれは東洋で言うところのツボなのかも知れない、生理痛に効く場所であれを押せば治まるのではないか、と思えてならなかったのです。その時に先客の占いが終わったようで、男性の順番となり名前が呼ばれました。男性は「すみません途中ですけど行ってきます」とその場を離れました。私はすかさず女性に効果はありましたかと尋ねると「痛みは少しも変わらないです」と答えました。

私は、白いツボが視えるので押させてほしいとお願いして、三分ぐらい押しました。すると、その女性は「あれ？」と言いながら腰をさすってスッと立ち上がり、とても驚いた表情をして「痛くない、立てる、すごい」と身体を動かしていました。驚いたのは彼女だけではありません。私もです。高校生の時に腕が痛いと騒いでいた女子の肘のところに白い輪っかが見えて、それを外すと痛みが消えたという不思議体験がありましたが、人の身体のツボのようなものが視えたのは初めての経験でしたので、とても感動しました。その後は、集中するとツボはたびたび視えるようになりました。

チャネリングで中国語を話し出す

先ほどの中国人男性は占いが終わり、女性占い師と一緒に待合室にやって来ました。私がチャネリング鑑定をする時はいつも女性占い師が側にいて、セッションのサポートをしてくれたり、チャネリングして話す内容を全部紙に書き、お客様に渡したりしてくれていました。この時も中国人男性が私のチャネリングに興味を持ったので、急遽依頼を受けました。

中国人男性の依頼は、「自分が毎日手を合わせている存在がある。その方とお話がしたい」という内容でした。私はいつものように向き合い、男性に両手の平を向けるポーズを取りました。そして目を閉じて瞑想状態に入り、心の中でこう唱えました。「この方をお守りしている方、私の身体に入ってどうかお話をしてください」

しばらくすると、私の首や手がクネクネと動き出し、腹筋がリズミカルに動き始めました。そして息混じりの声が出始め、何やらもぞもぞと言葉のようなものを話し始めました。男性が私に静かに中国語で何かを確認するように話しかけると、私の口からなんと勝手に中国語のような言葉が出てきました。それを聞いた男性は興奮して早口で何かを話しています。そして私の口からは同じような発音の言葉が出てくるのです。

男性は涙しながら、逢いたくてたまらなかった人に逢ったような様子で一生懸命話していました。私は自分の身体から二十センチくらい後ろに離れたような感じで、私の口から出てくる言葉とやり取りしている男性を不思議な気持ちで観察している状態でした。チャネリングには制限時間があるようで、大体三十～六十分くらいで霊側の都合で抜けていきます。抜けていった後、私はしっかりと自分の身体に戻り、呼吸を整えて静かに目を開けると、目の前の男性はハンカチで涙を拭いていました。

聞くと間違いなく毎日拝んでいる観音様でした、とのことで、言葉もちゃんと理解できたと言っていました。いつも書記をしてくれている女性占い師も、さすがに今回はノートを取れませんでしたが、目をキラキラ輝かせて喜んでくれていました。

霊能者として独立

口コミで霊能のお客様が増えて来た頃に、同僚占い師から霊能師として独立することを勧められました。ここでもどこからくる自信なのか、あなたは霊能師一本で絶対にやっていける、というのです。そして私は開業のために広い部屋に引っ越すことにしました。選んだ場所は、東急東横線「多摩川園駅」近くのマンションです。理由は、私は神奈川県の新丸子で一人暮らしをしていて、東急東横線で都心に向かう時に通る多摩川園駅周辺がとても好きだったからです。駅としては隣でしたが、大きな多摩川を挟んでの県境で緑が多い土地には聖霊がたくさん視え、神社もあり、いつかここに住みたいと考えていたのです。そしてお月様が大好きな私は、月がよく見える少し高い階のマンションに住みたいと思っていました。その条件に合う所を探して見つけたのは、多摩川園駅から徒歩七分くらいの場所で、多摩川に向かって何も遮るものがない高台にあるマンションでした。

想定よりも家賃が高く、とてもとても悩んだのですが、その時はそれ以上の物件がなく、そこを借りることにしました。そこを借りてから女性誌等マスメディアに取り上げてもらえて、幸先の良いスタートを切りました。ベランダから見える風景は、夜になると、広い多摩川が海のように見えて向こう岸に見えるマンションなどの明かりが、奄美の時の家から見える船の明かりによく似ていて、とても穏やかになれる風景でした。私はほぼ毎日、ベランダから見える大きな月に向かい、月光浴を楽しむのが日課となりました。

霊媒体質のつらさ

霊を感じる体質は人から羨ましがられることも多いですが、良いことばかりではなく、つらいこともあります。いろんなところで霊を感じて身体が重くなったり、気持ち悪くなって、やりたいことができなかったりするのです。ちょっと本屋に立ち寄って本を探したいのに、ある場所に立った瞬間、身体がドーンと重くなり、その場所を離れるまで続くこともあります。飲食店の席に座ったとたんに気持ち悪くなって席を変えてもらったり、旅行先のホテルで金縛りに悩まされたりもします。

ある時、東京に来たばかりの妹が遊びに来てくれたので、池袋のサンシャインに連れて行くことになりました。二人でサンシャインのエレベーターがたくさん並んでいる所を横切ろうとした時に、サラリーマン風のスーツにカバンを持った男の霊が上から私の身体に落ちてきました。私の身体はとても重たい衝撃を受けて倒れ込んでしまったのです。身体に力が入らなくなり、何とか少し喋れるぐらいでした。

妹がどうすればいいのか尋ねます。私はこの場所を離れたいと告げました。妹が私の肩を担ぎ、何とかこの場所から離してくれました。そして離れたところでしばらく座っていると、身体の感覚も戻ってきて動けるようになりました。自分ひとりの時なら、救急車を呼ばれてしまったかもしれません。

第二章　成巫過程

世界の神仏が顔を見に来た

ある時、寝る前に目を瞑ると、大きな大仏さんが座禅のまま、まるでＵＦＯのようにゆっくり回転しながら飛んできました。その後も、後から後から観音様、日本の八百万の神々、インドの神々等、ものすごい数の神仏が右から左へと私の顔を覗きこみながら流れて行くのが視えました。

後からユタの指導者になってもらう方にその話をした時、「ユタになっていく過程でいろんな神々やご先祖様が、自分を拝んでほしいとやって来る。しかし、〝あたえ〟というのがあって、自分の拝むべき神様を間違ってはいけないよ、間違うと失格になるよ」と、教えていただきました。うかつにあれこれの神仏に手を合わせなくて良かったと思いました。

また別の、奄美で有名な女性のユタ神様は、私にこんな話を聞かせてくれました。「自分がユタになるための成巫式を終えたあと、七日間は絶対に外に出ては行けないと言われたので厳重に戸締りをして神棚の前で過ごした。その間、いろんな神々が自分を拝んでほしいとやってきてはドアをドンドン叩くことが続いて怖かったです。最後の七日目に長い黒髪の美しい天照大神様と思われる神様が廊下に立っているのが視えて、自分が拝むべき神様を悟りました」

神がかり（お知らせ）

私は生まれながらにして、ユタとしての天命を受けていることが、近所のおじちゃんユタ神様のハンジで分かりました。高校二年生の時に、まだ若すぎるし社会勉強もしたい、という理由で、正式ユタになるのを神様に十年待ってもらう「延期願」を、ユタ神様にしてもらっていました。それから十年が過ぎ二十八歳になる頃、私は数名のお客様とお茶を飲みながら雑談をしていました。突然、目の前が真っ暗になり、意識が薄れ力が抜けていき、上から押さえつけられるように倒れこんでしまいました。そして、私の口が勝手に普段の声や喋り方ではない歌舞伎のように低く響く声で〝伊達正宗〟と名乗り、私の身体を使って話し始めました。「この者（自分の胸の所を指差しながら）は、私（伊達政宗）の生まれ変わりである。私は戦争のない平和な国を願った。父親は自害した」。それから明智光秀のこと等についての話を始めました。歴史好きのスタッフがすかさず筆記をしてくれましたが、非常に早口で全てを書き留めることはできませんでしたが、三十分ほど話し続けていました。

事実確認のため、スタッフ所有の分厚い歴史書を引っ張り出し検証したところ、まさに語られていた時代背景や人間関係などが符合していて驚いたとスタッフが興奮していました。ただ、歴史的には謎になっている部分についても触れていましたが、それは残念ながら検証不可能でした。

やっと私の身体が何者かの支配から解放されて正気に戻ったのもつかの間、誰もいないはずの台所から大きな音が「ガラガラ、ガッチャン」!? びっくりして、台所に行ってみると、コンロのカバーが落ちていました。これは偶然だと思い、元に戻そうとしてみて、その理解不可能な現象に気が付きました。

この頃、私が賃貸で住んでいたマンションの貸主は料理が好きだったのか、台所は重厚なドイツ製のもので、コンロが四個もあり、開け閉めできる重たい鉄板のカバーがついていました。音がする前にはカバーをあけて、コンロにヤカンを一つのせてあっただけなのですが、音がしたあとは、この鉄板の大きなカバーだけが、宙を舞ったように台所の足元付近に落ちていたのです。

もしも、開いた（立ち上がっている）カバーが倒れたなら、直前にあるヤカンが動くはずなのに、ヤカンは変化なし。何よりも決定的なことは、落ちたカバーを戻そうとした時に、このカバーを固定していた太いボルトが外された形跡がないこと。つまりこのカバーは私が住んでから一度も外したことのない固定されたボルトからテレポーテーション（すり抜ける）したことになるのです。今まで、現に私は、カバーを戻す時に二カ所のボルトを外して取り付けなければならなかったのです。何度も開閉していましたのでもともと外れていたとは考えられません。

それから台所に立った時に人の気配を強く感じたので霊視で視ると、鎧兜の男が長い日本刀をもってちょうどコンロ側に向かって立っていたので、この霊がその刀で鉄板を飛ばしたんだとわかりました。あまりにリアルに視えたので、すぐに家に置いてあったポラロイドカメラで写真を撮りました。写してすぐにはキラリと光る日本刀の長い刃の部分だけが写っていましたが、時間と共に薄くなり、今ではよく見ないとわかりません。そして私は直感しました。ユタになる日が来たことを。そして、ユタになる前段階として火の神を祀らなければならないことを。後で知ったことですが、ユタになる者は〝火の神〟〝水の神〟を祀ることが土台となっていました。文明の始まり、人は唯一、火を扱えることで生物の中で優位に立った、その火に感謝し天に昇る煙に祈りを込めて、神との交信が始まりました。その煙が今は線香に変わったのだと私は考えます。

二〇一七年四月、伊達政宗のお墓に行ってみた

私は伊達政宗の生まれ変わりであるという言葉が出ても半信半疑でいました。伊達政宗のファンでもなく、知っていることは伊達男の語源であるとか、その程度の知識しかありませんでした。少し気にはなっていたものの、それ以上追求する気も起こらず、時が過ぎ二十二年が経った頃、突然、伊達政宗のお墓がある仙台に行く仕事が入りました。何かの導きかもしれない、この機会に自分なりの検証をしてスッキリさせてみようと、行ってみることにしました。

依頼者に案内されて入って行った敷地で私は何も感じることがなくて、この場所ではないのではないか、と思いました。ただ、向かい側にある敷地に身体が引っ張られる感じがしていました。それから依頼者が係の人に確認をするとやはり違っていて、ここは伊達政宗の身内のお墓で、教えて

頂いた場所はやはり私の身体が引っ張られる方にありました。伊達政宗のお墓がある神社の敷地内に入ると、どこからともなく、私に向かって霊的な声が聞こえてきました。

「伊達政宗公のおなーりー！」

この言葉が私が歩くたびに聞こえてくるのです。少し照れくさいような不思議な感覚になりました。お墓の前に立ったとき、円筒形の光の筒がお墓を包み込むように輝いていました。私も同じ光に包み込まれていて、まるで鏡の部屋に立って自分を見ているような、何とも言えない不思議な感覚になりました。

「美しい物がこの世にはたくさんあるということに、皆の目が向くようにしたかった。それに気づけば戦争がいかに愚かなものであるかわかるはずだからだ」

そんな、伊達政宗の数々の思いが私の胸の中に言葉として、次から次へと響いてきたのです。なるほど、だから伊達政宗の関係するお墓やお城はど派手なんだと思いました。それから、博物館に入ってみて驚きました。自分が霊感で視たのとソックリな絵が飾られていたのです。

私はここにいたって、伊達政宗の生まれ変わりではないと否定することに、不自然さを感じるように思いました。だからといって、一般の常識人の皆さんに認めてもらいたいともさらさら思いません。私の一つのスピリチュアル体験談としてここに残せれば満足なのです。

神が姿を現した日

ヒヌカン（火の神）を祀り終えて、床につきました。すると、低く響き渡る声で私の下の名前を何度も呼ぶ声が聞こえる！　目を開けると目の前に、大きな金色に輝く龍の顔が……。

身体をくねらせて私の方を向き、私の名前を呼んでいます。私は自分の本名から遠ざかっていたので、しばらくぶりに呼ばれたことに、嬉しささえ感じていました。いくら改名をしても、神の元では本名しか通じないのかもしれません。私は心の中で「はい、なんでしょうか?」と答えました。するとと今度は、とても美しい白馬が右側の方からスーッと現れてきました。そして、最後に真正面から、神々しい光と愛に満ち溢れた女神が姿を現しました。私は心の中で一生懸命問い掛けました。

「何でしょうか神様。私は聞きます、どうぞお話ください」

しかし、龍神様の最初の呼びかけ以外は、何も語ることなく姿を消したのです……。

次の朝……

目覚めた私に、近くで寝ていた身内の者が不思議なことを言い始めたのです。昨晩（私の体験と同じ時間）、瞼がものすごく眩しくなって、何事かと思っていたら、男の人の声で「明日、神がまいる、酒と水を用意しなさい」と聞こえたと言うのです。私は何のことだか分かりませんでしたが、とりあえず用意して手を合わせました。すると私の口から勝手に大きな声で、言葉が出てきました。

「アマテラスのみこと～！」

そして私の身体は何者かに突き動かされるように、部屋に貼ってある神仏の絵やグッズ等を剥がしてゴミ袋に捨て始めました。普通の精神状態ならバチが当たりそうで怖いと考えそうなことでも、この時は躊躇なく為すがままで「あっ」という間の出来事でした。

「えっ⁉ アマテラス？ 日本の太陽神といわれる天照大神？」。私は予想してなかった言葉に驚きました。どうしてかと言うと、この日まで、私は聖書が好きで、私にとっての神は〝ヤハウェ〟であり、キリストや精霊たちとの交信を試みていたからです。仏教なども少しかじっていましたが、神道に関しては一切興味がなかったのです。そのころ、私は「精神世界研究会」というグループを作っていて、オーラの見方やヒーリング、そして前世催眠など、皆さんで実践を通して検証と実験をする研究会を開いていました。

その研究会でも、私はいつも聖書や天使の話ばかりしていました。よもや私に「天照大神」が関わるとは誰も想像できなかったと思います。そして、その時の研究会のテーマが「自動書記」でしたので、研究会の時間に、訓練も含めて集まった五人のメンバーにそれぞれ紙を渡し、それぞれが何を書いているか見えないように後ろ向きにして、この課題を与えてみました。「昨日私の所に神がやってきました、その神の名前を皆さん自動書記で答えてください」。そして、一斉に開いてみて、絶句しました‼ 『アマテラス』、四人の紙にこの文字が……。私は、メンバーにアマテラスについて話をしたことがなく、私自身もよく知らない神様でした。なにより、今までの流れを考えると、メンバーなら『キリスト』とか『大天使長ミカエル』とか答えそうなのに……。そんなことがあって、私はいよいよ正式ユタになる決心をしました。

「私が行くべき道があるならば、またそれが正しい道で、人様の役に立つなら前に進もう」

親ユタ神様探し

ユタになることを決めた私は、親神様（指導者・霊的な親）を探すため、急遽、奄美に十日間程の予定で行くことになりました。私は真っ先に高校生の時からユタ絡みではお世話になり、よく遊びにも行っていた近所のユタ神様の所にお願いに行きました。十年間の延期願もここでしてもらっていたので、てっきり喜んで親神様になってもらえると思っていたのですが、なんと「今は子神（弟子）をとってない」と断られてしまったのです。

私は奄美の滞在期間に限りもありますし、考えている時間もないので、とにかく手当たり次第ユタ神様を当たって、自分が納得できる親神様になってくれる人を探すことにしました。後から知らされた話ですが、近所のユタ神様に関しては流儀として、断られても何度かお願いに行って許可をもらう、というやり方があったようです。まずは知り合いや親戚に当たって情報収集をして、奄美のユタ神様リストを作りました。当時の奄美のユタ神様に相談に行くスタイルは、ほぼアポ無しで直接行って順番待ちをしてハンジをしてもらう形でした。

その時に持っていくのは、白い封筒に入れたお礼の三千円（志。その時の相場）と、神酒として二合瓶の奄美の焼酎です。まずそれをユタ神様に渡すと、名前と干支、数え年を聞かれます。それからユタ神様は神棚に向かい祝詞を唱えてから神様からのメッセージを伝えてきます。それが終わると聞きたいことは何かと聞いてこられるので、その時に質問ができます。大体三十分くらいですが、後にお客さんがいない時などはずっと喋り続けるユタ神様もいます。

私が訪ねたユタ神様は次のような方々です。

●高千穂神社の隣に住む、神職の資格を持つユタ神様

ユタ神様になってから神職の資格をとり、高千穂神社の行事などにも関わっているとのことでした。祭壇はとても大きく、神社で使うような飾りものやお祓い用のフサなども置かれてありました。唱える祝詞も神社の神主さんが唱えるようなもので、声も大きく、ユタ神様の中ではひときわ祝詞が長い印象でした。唱えている祝詞がいつの間にか和歌のようになり、時には現代語が交じっていて、これは神様からのメッセージなのだということが聞いていてもわかるようになってきます。

それが終わるとこちらに向き直り、メッセージの解釈の説明があります。抽象的ではありますが、注意事項もあり、生き方の指針などが込められているような話でした。私から質問をしてよい場面になったので、自分の神がかりの内容を話して子神をとっているかをたずねてみると、実は自分はユタとは違う使命を受けていると考えていて、子神は取っていないとのことでした。

●高千穂神社の山の上に住むユタ神様

神棚に向かい祝詞が終わった後に、神棚に向いたまま突然「丑年の人は誰ね」、「辰年の人は誰ね」と尋ねてきます。おじいさんは辰年ですと答えると、「その方は肝臓が悪いからお酒を控えるように言ってね」とアドバイスをしてきます。神棚の神様が何かを視せてきているような感じで、常に神棚の方を見ながら話します。「あなたの家は玄関入って右側にトイレがあるでしょう」とか部分的に家の間取りのことなども言うこともあります。このユタ神様も子神を取っていないということでした。

●高千穂神社の下の方に住んでいるユタ神様

伺った時は鑑定そのものを休止しているということで、話をすることはできなかったのですが、私が高校生の頃はユタ神様では珍しく女子高校生の恋愛相談で人気のあった方でした。私も霊能に目覚め始めた高校生の時に行ったことがあって、とてもインパクトの強い方でした。本人はユタ神様ではなく霊能者だと言っていました。「私は幽体離脱をして天国にも地獄にも行ってきました」なんて言う方で、その話の内容がとても興味深いものでした。

当時の私は聖書大好きでしたので、天国に行った時にイエス様に会えたかを聞くと、少し含み笑いをしながら「イエスは七つの御霊です、そして神は光です」と答え、続けて「今はここまでしか話せません」と話されたことを今でも覚えています。神棚のローソクの火で二回住まいを全焼させる火事を出して、ユタ業を休んでいる時期もありました。

●市内の山上の男性ユタ神様

山裾の細い道を登った所にそのお宅があり、一階の割と広いお部屋でした。大きな神棚と大きな太鼓や鐘がありました。祝詞はユタのものというより一般的な神社の祝詞でした。鹿児島の高島易断と何か関係があるようで、霊感というよりも占いという感じでした。この方も自分はユタ神様ではないと言い、子神を取っていないということでした。

●子宝の神様として有名なユタ神様

私の近所の男性ユタの子神であったが、そこから離れて独立をしたそうです。神がかりを体験したときはとてもつらかったそうです。ユタになるための成巫式で神様と盃を交わす儀式があり、盃に入ったミキを天井に投げるのですが、投げた跡が蛇の形をしていて、蛇は神様の使いなのでその印を見せたのだと言いました。その後、その印の近くに蛇の抜け殻が張り付いていたそうです。それも神様の印で、それを見た時に間違いなく自分は神の道があるのだと悟ったといいます。この方も子神を取っていないということでした。

●お酒を飲んで鑑定するユタ神様

このユタ神様も私の近所の男性ユタ神様の子神だったようです。なぜなら、その男性ユタ神様が作っている神道具を持っていたからです。その道具のことから、「男性ユタ神様の子神様ですか？」と尋ねました。しかし、聞いてはいけなかったのか、何も答えてはくれませんでした。独自の祝詞を唱えてお猪口に少しお酒を入れて飲みます。少しほろ酔いの状態で神様の言葉を伝えるというスタイルでした。この方も子神は取っていない様子でした。

●市内の大きなデパート近くのユタ神様

通りからは見えない奥まったところにある平屋に、ユタ神様の印でもあるしめ縄があり、そこにお住まいの女性ユタ神様でした。私が来てから神様にハンジのお願いをするために立てた三本の線香のうち、二本が半分くらい燃えかかる頃、前に倒れるようになりました。それがちょうどバッテンの形を作っていました。

ユタ神様によれば、これは神様からのメッセージだということでした。線香の煙も私の方に流れているので「先祖供養が足りない」というメッセージだということでした。「先祖供養をする時は線香を二本立てなさい。先祖はその二本の線香の煙をハシゴのようにして天に昇ってゆくのだ」と教えて頂きました。この方も子神は取っていませんでした。

●市内の公園近くに住むユタ神様

古いことをよく覚えている方で、昔のユタ神様事情についてよくご存知で、たくさんの話を聞かせてもらえました。「某ユタ神様が自分の神様家紋のように使っている独特のマークは、もともとは自分が神様から受け取ったもので、それを盗まれてしまった」とか、「そのユタ神様が海に身を投げて自殺しようとしていたのを助けたのに、逆恨みをされた。また、嫉妬されて呪口（呪術）をかけられたり、嫌がらせを受けたりした」そうです。

耳を疑うような話の内容に驚きましたが、その真偽を確かめようとも思いませんでした。話が事実かどうかはわかりません。そういった過去の争いの影響なのか、奄美ではあまり知られていない人で、ひっそりと活動をしているようでした。

●保健所の近くに住むユタ神様

八十歳くらいの女性で小さな一軒家に一人で住むとても感じの良い方でした、神棚は高盆《タカボン》（奄美独自の特別な高さの盆）が二つ置いてあり、一つは天照大神様、もう一つはご先祖様の山（大工）の神様を祀っているとおっしゃっていました。奄美では一般的には女性は山（大工）の神様を祀らないのですが、ご先祖様に山で仕事をしていた方がいた場合は、女性でもユタ神様は特別に祀るようです。

●中心街のお風呂屋さんの裏手に住むユタ神様

人気があり、有名なユタ神様でした。風邪をひいているということで風邪薬を飲み始めたので、私が「ユタ神様でも薬を飲むんですか」と質問をしたら、ニッコリと優しくほほ笑んで「人間の身体は医療によって治すもの、霊の障害は神様に直してもらうものよ」と答えてくれたのが印象的でした。

●市内からは離れた空港近くの海辺に住むユタ神様

神棚の前には天井まで届く大きな鳥居があり、その前に座る座布団も分厚く何枚か重ねて高くしてあるのが特徴的でした。こちらに向かう途中から頭痛がしていたのですが、すぐに「あんた頭痛くない？　締め付けられる感じあるでしょ」と言われびっくりしました。

続けて「あなたは神高い（ユタ神様の資質）があるから、それを教えるために神様がしていることなのよ」、「今神様にお願いして止めてもらうからね」。それから神棚の神様にお願いを始めました。そして振り返りニッコリとして「ほら、もう頭痛くないでしょ」と言われたのですが、実は頭痛はどんどん酷くなってきていて、小心者の私は我慢して「もう痛くありません」と嘘をついてしまいました。その後は、早くその場を離れて頭痛薬を飲むことばかり考えて、話の内容をあまり覚えていません。

●保健所近くに住む、コップの酒で透視する男性ユタ神様

予約をして行ったのに、三十分も待たされてしまいました。そして現れたユタ神様は紙袋をいっぱい抱えて上機嫌でパチンコで勝ったのだと言いました。「連チャンが始まって止めるに止められずにこんな時間になってしまってごめんね」と言っていました。奥様も申し訳なさそうな顔でうつむいていました。

鑑定が始まるとすぐに、「あんた神高いね、神の道が出てるよ」と自信満々に島太鼓を叩き始めました。私の身体はその太鼓のリズムとユタ神様が唱える神唄に反応し、今にも跳び上がって踊りだしそうになっていました。ここで踊りだせばこの方を親神様にしなければならないと直感し、それは避けたいと思ったので拳を握り締めて震える身体を全力で止めていました。太鼓の音もどんどんと大きくなり、リズムも速くなっていき、踊りたい身体を止めていることがとても苦しく、とても長い時間に感じられました。

ユタ神様はやっと諦めたようで首をかしげながら太鼓を止めて、「おかしいなぁ、踊りだすはずなんだけどなぁ」と言っていましたが、私はとぼけることにしました。それから小さいコップにお酒を入れて顕微鏡を見るようにのぞきながら、「あんたの右の上の歯の奥から二番目に虫歯がある」、「目が悪いねぇ〜、特に右目」とか、かなり詳しく人体透視を披露してくれました。

後に、この方の子神だったという人と知り合い、聞いた話です。友達の付き添いで初めて行った時、突然、自分の方を見て、「あんたがお父さんを抱えているのが視える、一年後にお父さん亡くすよ。あんた神高いからちゃんと神様拝まないとならん人だよ」と言われて、その時は全く信じてなかったけど、その通りになってしまったので子神になったとのことです。

ノートを持って三人くらい集まって、親神様の教えに耳を傾けて昼から暗くなるまで勉強をしたり、深い滝や海での荒行も相当させられたと言っていました。しかし、このユタ神様の破天荒な性格についていけなくなって辞めたとのことでした。

その後、このユタ神様もローソクの火が原因で家が火事となり全焼しました。年を取ってからは認知症だったからか徘徊するようになり、スーパーで売っているものをその場で食べたりするようなこともしたそうです。そして精神不安定で、亡くなるまで入院をしていたようです。

●市内の川沿いに住む、導き親となる芋高神様

神棚に向かって神口（そのユタが個人的に神様から直接頂いた特別な祝詞）で、そこに誰かが居るようになにやらブツブツと話していました。そして突然振り返り、私を見たその目には、大粒の涙……。

「貴方のことを、神様は首をなが～くして待っていたよ」

「貴方が今日ここにきて神様はとても喜んでいて、私もとってもうれしいのよ」

「もう、神様を待たせることはできないから、すぐに正式ユタになる儀式をしなければなりません」

「その前に貴方がユタである証拠を今見せようね」と言って、神棚の正面に座るように指示され、私は手を合わせて目を閉じました。

ドンドンと太鼓がテンポよく打ち鳴らされ、独特の節回しで古い方言を使った神唄「テルコ願い」が始まりました。私は太鼓の音を聞きながら、遠い昔にタイムスリップしていく感覚を覚えました。魂を揺さぶるこの単純な〝リズム〟を、私は記憶というよりも、もっと深い部分で聞き覚えがありました。そして心理学者のユングの言葉を思い出しました。「集合的無意識」（人間は意識の奥深くで民族を超えて繋がっており、人類共通の記憶が眠っている）です。

「私は遥か遠い昔から、この打楽器による単調なリズムで火を囲み、神に祈りを捧げてきたので

はないだろうか？　今はそれを感じてる……」

するとと私は泣きたくもないのに涙があふれ、大声で泣き出しました。

一緒に来てくれた私のおばあさんもなぜかもらい泣きしていました。あまりに泣くので、みかねた芋高神様が、神棚に向かって「はいはい、神様あまり泣かせないでね」と言葉をかけると、私の涙は、ピタッと止まりました。

そして、唄が続くと、今度は私の身体は立ち上がり、勝手に知るはずのない古代の踊りを踊りだしました。この踊りこそが、ユタになる者の証しなのです。しかし、自分は子神を持つ役割を持っていないとのことで、きょうだいユタの「興ナツコ神様」をご紹介頂きました。

●興ナツコ神様

小学校の近くに住む親神様となるユタ神様……興神様にお会いした時にも、また一からハンジをして頂き、神様の証明の踊りを見定めてもらえました。

「あんたは、高神（タカガミ。高級神霊）ですよ、ユタのドンになる人、有名なユタになる人よ！」と、親指を突き出しながら、興奮してとてもとても喜んでくれました。

「神様はもう待てないと言っているから、すぐ神つなぎ（成巫式）やろうね」

「私の魂は思松金《オモイマツガネ》という神様の腕から生まれたが、あんたは神様の眉間から生まれているねぇ～。どんなユタになるか楽しみだね～。私が生きている間に見られるといいが」

「私の神様はマヤの国からきたと言ってたけど、娘に聞いたら外国に本当にあるらしい」

「ある時、滝行しながら六根清浄を唱えていて、墨文字で天照という文字が視えた時に、やはり私は奄美のユタ神様なんだとわかったねぇ〜」

気さくにいろんな話を聞かせてもらえました。そして私は、この方に親神様になってほしいと、お願いをしました。

ユタ神様になるための聖地探し

親神様は次のように言われました。

「神つなぎをするには、神様から力をもらうために、あなたに与えられた拝む場所（聖地）を見つけておかなければならないよ。海の神様を拝む場所、水の神様を拝む場所。神様が教えてくれるはずじゃが、あんた自分の場所わかるね？　私の身体が丈夫なら一緒に探しにいけるが、もうこの年（八十五歳）になれば足が悪くてついていけないが」

ユタは正座をしていることが多いので、早くから足を悪くする人が多いです。それで、最近では低めの椅子に座ってハンジをするユタも見かけます。私もこの親神様から正座をしないように言われたので、椅子に座ってハンジをするようにしています。

私は、「大丈夫です、一人で探せます」と言いました。

一昔前は、白い馬に乗って、馬に白玉を食べさせ祝詞を唱えると、馬が勝手にその場所まで連れて行ってくれた、といいます。海神の聖地、水神の聖地へ、です。今はもう聞かなくなりましたが、受け継ぐべき大昔の神道具を掘り当てるということも、一連の行事に入っていたとのことです。

私も神道具が埋まっているであろう場所は脳裏に映りますが、そこまでの行き方が分からないでいます。もう誰も通らなくなった、どこかの山の中の細い道端に壊れた仏像があり、その下に埋まっているはずです。いつか探し当てたいと思っています。

親神様は「聖地を絶対に間違えてはいけませんよ、間違えるとフリムン（精神に異常をきたすこと）になって、神つなぎは成功しないからね」と言いました。私が「海神様を拝む場所はなんとなく分かるのですが、水神様の場所は分かりません」と言うと、親神様は「大体、あなたが生まれた場所に一番近い海と、湧き水の出ている山にあるはずですよ。あなたが命を与えられて、お母さんの子宮の水の中から外に出て、一番初めに身体を洗った水が、水神様の聖地になるはずじゃが、あんた生まれたとこどこね？」と尋ねました。

「私は、産婆さんの手によって小浜町の自宅で生まれました」と言うと、親神様は、「なら、そこのあたりで、まず探してみなさい。あなたが身体の向かうほうへ行って、その場所に立って心の中で、私の拝むべきところはココですか？と尋ねなさい。そしたら、神様は答えてくれるはずですよ」と言いました。

海神様の聖地探し

海神様の場所は夢で何度も見ています。私の本家のある集落のはずです。夢の中では、大きな祭り石の周りに丸い石を積み重ねて、村の人や白衣を着た方々が祈りを捧げていました。確か、実際に円集落にその場所があるということは、家族の誰かと話した記憶があります。ユタのことにも詳しいカメばあさんなら知っているはずです。

私が「ばあちゃん、前に聞いた円集落の祭り石の場所教えて」と言うと、ばあちゃんは「えっ、私は知らないよ、誰に聞いたの」と言いました。

夢の話をしましたが、思い当たる場所はないといいます。祖父は、もう既に亡くなっているし、神様を信じない人だったので、その情報を教えてくれる人は他に考えられないです。「そうだ、円集落で生まれ育った父なら知っているはずだ。聞いてみよう」とひらめきました。父は自然に対しては敬意を持っているものの、神様等はまったく信じていません。

父に「お父さん、前に話した祭り石の場所を案内して」と言うと、父は「えっ、祭り石って何?」と言いました。私が「海神様を拝む場所だよ」と言うと、父は「知らないね~、そんな話をした覚えもないよ」と言いました。　私は「いったい私は誰に聞いたのだろう?　夢の中で誰かと話したのかなぁ?」と思いました。

しばらく考え込んでいた父が、思い出したように、「その夢の話のように誰かが拝んでいる姿は見たことないが、子供の頃、海岸にある大きな石で遊んでいたら、集落の年寄りに怒られたことがある」と言いました。私が「なんて?」と聞くと、父は「その石は神様が座る石だから、祟りがあるぞ!」と言うのです。

「おぉ!　そこだ、間違いない……」と思った私は、「今度そこに連れて行って」と言いました。

父は「いいけど、何か印が付けられているわけでもないし、大体の場所しか分からんぞ」と言いました。私は「大丈夫、見れば分かる自信がある」と言いました。「よし、これで海神様の聖地は確保したのも同然」と思いました。

水神様の聖地

私はとりあえず、言われたとおりに私の生まれた場所に一番近いアムィゴ（水神を拝む聖地）に行ってみました。そこは、拝んでいるユタが結構多いらしく、誰が作ったのか、「水神」と書いてある石盤が置かれていたのですぐに分かりました。場所は親神様から教えていただいていたし、山に入ってすぐのところにある小川なので足場も悪くないです。

そこで、手を合わせて、言われたとおり「私のアムィゴはここですか？」と問い掛けてみました。すると突風のような風圧とともに、「違う」という声が聞こえました。その近辺の聖地を数カ所回ってみましたが、どれも「違う」という声がします。やはり、私の水神の聖地も円集落にあるはずだ、という思いがだんだん強くなってきました。「行ってみよう！　行けば分かる気がする…」と思いました。

私は父に車の運転と道案内を頼んで、二人で「円集落」に行くことにしました。そこの集落はほとんどが円という名字で、バス停も円なら公民館も円、皆先祖が同じなのか、と思うほどです。親戚も多いので、行く時は大量にお土産を持って行かなければなりません。ちょっと寄るにしても大騒動です。

円集落に行く日の朝、天気予報は曇りのち雨で、昼から大雨になるでしょうと伝えていました。九時頃出発しましたが、外はいっこうに晴れる気配もなく、太陽は黒雲に覆われ薄暗い感じでした。円集落は自宅から車で四十分くらいの場所にあります。車に乗って、だんだんと円集落に近づいて行くと、私の心臓は飛び出さんばかりに高鳴り、心が踊ります。心の中で、「神様もう少しです、今会いに行きますから正しく導いてください」と言いました。

円集落に到着

海岸沿いに車を止めてもらい、車を降りました。父があたりを見回し、「あれ、どこだっけ……」とつぶやきました。私はその言葉に返事をする間もなく、身体が強い力で引っ張られていきました。岩だらけの海岸をぴょんぴょんと跳ねるように、一つの立石に向かって行きました。そして、その石の前で足が止まり、なぜかこの石に間違いないという自信に満ちあふれていました。

後ろを振り返ると、父が恐る恐る足場の岩を確認しながら、やっと追いついてきました。その岩の周りには誰かが拝んでいるというような形跡もなく、私が夢で見た岩と似ているものの、高さが低いことが気になりました。

父は「この岩で間違いないのか」と言いながら、民家との距離感などを確かめながら、古い記憶をたどっていました。そして「おぉ、そうだ、この岩に間違いない。しかしよく分かったね〜、当時はここまで砂が上がってなくて、もっと高い真っすぐな岩だったんだが……」と言いました。
それを聞いて私の謎も解けました。やはり夢で見た場所はここで、おそらく父が生まれるもっと前の風景だったんだろう、と思いました。

海神様に祈る

私は、しめ縄を捧げ、持って来た線香を立てて、ススキ（アザハ。切れるので刀の代用）を束ねたものを両手に持って、心の中でこんなふうに祈りました。「神様、私はやっとここまでたどり着きました、神の道を開いてください、そして私の行くべきアムィゴをお示しください」目をつぶって祈っていると、祝福しているかのように、大きな太陽、そしてその中に一人の神様の姿が現れ、アムィゴのことを聞いた時、山奥の滝の風景が視えてきました。「ありがとうございます神様、そこに向かいます」

祈り終えて振り返ると、父が何かにおびえたような顔をしてこちらを見ていたので、私が「どうしたの？」と聞くと、私が祈り始めると雲が割れて私の周辺だけに日差しが神々しく降り注ぎ、祈りが終わるとすぐにその光が消えた、ということです。私はまったく気がつかなかったのですが、神を信じないという父も、この光景には恐れて沈黙のまま首をかしげていました。

車に戻り、今、神様に教えていただいた滝の風景について父に尋ねてみました。父は「滝？　この円集落には滝などはないぞ」と言いました。考えこんだ父は、とりあえず親戚の家に行って聞いてみよう、と言いました。二軒ほど聞き込みをし、また一軒しかない商店のおばちゃんにも聞きましたが、誰も知らないと言います。そんなはずはないと、実際に歩いて小川のある所も探しましたが、私の身体は反応しません。ずいぶん時間がたったので、半分諦めムードで今日は一旦、家に戻ろうということになり、車に乗り込み、少し走らせた時に、バックミラーを見ました。そこには、手を振りながら車を追いかけてくる〝おばちゃん〟の姿が映っていました。

父はすぐに車を止めました。おばちゃんは「あんたたち、アムィゴの場所探しているんだって?」と言いました。この人も私の親戚の一人で、この集落では物知りとして知られている人でした。おばちゃんは、「どうして、私の所に尋ねて来なかったの?」と言いました。父はバツが悪そうに愛想笑いをし、車を止め直し、私がユタになることや現在までのいきさつについて説明しました。

おばちゃんは「私も滝のことは知らないが、この集落の最後のユタが山奥に自分の場所があると言っていた。そこに行ってみればどうね?」と言いました。それを聞いた途端、私は脈が速くなっていくのを感じました。私は「おばちゃん、その場所案内して!」と言いました。おばちゃんは「分かった、じゃ、すぐ行こうね」と言いました。

一緒に歩きながらおばちゃんは、「普通の人は、山に入ってすぐの所で拝んでいたが、そのユタは私の神は高神《タカガミ》だからと言って、山の奥まで登りよったが、もしかしたらそこに滝があるのかもしれないね」と言いました。

民家の細い道に入り、迷路のような道を通り抜け、一度来ただけではたどり着けそうもないところに、その場所はありました。そして、小川を包み隠すような草木のトンネル。水に濡れないように岩の上を足場に気を付けながら、山奥へと進んでいくと、進めば進むほど、私の胸は高鳴り、引っ張られる力が強くなってきました。おばちゃんは「まだ先かね～」と言い、私は「あっ、皆さんはゆっくりでいいですよ、ここに間違いないと思うから私は先に登ります」と登っていきました。

父は、おばちゃんを援護するように見守りながらついて来てくれています。ずいぶん登った所に、薄暗い草木のトンネルの先に光に照らされる岩肌が見えた瞬間、私の足はさらに加速し、まるで吸い寄せられるように、ごつごつした岩々を、ぴょんぴょんと跳ねるようにそこに向かいました。そして突然、目の前に立ちはだかる、まるで人の手によってつくられたような垂直に切り落とされた高い岩肌。神々しい〝滝〟がありました！

私は、その滝の岩肌に、二階から落とされたくらいの勢いで、叩きつけられました。しっかりと両腕で顔をガードしましたが、その両腕がびりびりとしびれ、頬が勢いで岩肌にあたるほどでした。そして、「ここだ！　ここだ！」と、どこからともなく聞こえる声と同時に、私の身体を使って何者かが、岩肌に抱きつきながら「わぁ～」と、大声でうれし泣きをしていました。

後からやっと追いついた父たちも、私が言ったとおりの場所、その神々しい空間、風もないのに感じる風圧に、驚きを隠し切れずに、目を丸くしてしばらく黙ったまま、あたりを見回していました。おばちゃんは、「こんな、神々しい場所があるなんてねぇ～、私は、この集落のことは何でも知っているつもりでいたがびっくりだね～、このアムィゴこもりに来るユタは、たいがいもっと下のほうを自分の場所として拝むんじゃが。あんた一人だけにこの場所が与えられたとしたなら、ほんとにすごい高神に迎えられたんだね～」と言いました。

物知りおばさんは、その滝にゆっくりと手を合わせて拝んでくれて、私にも手を合わせて、「神じゃが、神じゃが」と言ってくれました。そして「この集落もこれで安泰じゃね」と言いながら、私の肩をさすっていました。

ただ、この時、実際は滝と言うほどの水の流れはありませんでした。この上にダムを造ったことが原因らしいです。私が視た映像は昔の風景で、もっと水が勢いよく流れていたので、少し寂しい気持ちがしました。

海神様の場所の話もおばちゃんにしたら、昔は何人かあそこに導かれて、拝んでいるユタを見たことがあるとのことです。そして、以前道路建設にあの岩が引っかかったが、神の岩を動かしてはならぬという長老たちの声によって、今もそのままにしてあること等の話を聞かせてくれました。おばちゃんは、そんなことを知るはずがない私が、その場所を探し当てたことにも感心していました。

お世話になったおばちゃんにお礼を言い、畑でとれた〝かぼちゃ〟などをいただき、明日「神つなぎ」のためにまたやってくることを伝えて、その場を去り、車に向かいました。

ずーっと曇り空だったけど、雨が降らなくて良かったねと話しながら車に乗り、最後に乗った私が、ドアを閉めた瞬間、「ドドーッ」と、まるで私たちが車に乗るのを待っていたかのように、大粒の雨が降り出した。父が私の方を向き、「水神様が喜んでいるんだね」と言いました。

私は、満足感でいっぱいになりました。ユタになるための二つの条件をクリアすることができました。それも皆さんの支えがあればこそ。両親、カメばあさん、集落の方々に感謝でいっぱいです。

ユタの古い言い伝えで、「太陽の子は照る日にもさされん、降る雨にも打たれん」という言葉があります。これは、天命でユタになる人は、太陽光線を浴びることもなく、雨にも濡れない、という意味に思われていました。しかし、実際には雨が降っている日に外に出て、濡れないユタがいるとは思えません。神に導かれる重要な日には、南国の熱い太陽からも身を守られ、雨にも濡れないように守ってくれるということではないかと、私はこの体験から思いました。

明日は「神つなぎ」本番だ！　いよいよ、私はユタになる、と強い気持ちになりました。なお、この場所で女神様が視えたので写真を写したら、白いモヤが写ることもありました。

神つなぎ

正式なユタになるための儀式は次のステップで行われます。

1．ネリヤカナヤ（海底の神国）で道を開く
2．アムィゴ（水の神様）と神人合一する
3．テルコ（太陽神）に認めてもらう

神つなぎの前日、一九九四年十月九日（日）に鹿児島県名瀬市（当時）の実家では親神様（故、興ナツコ）が私の自宅に来て、明日の準備をしてくれます。私は、親神様にお盃を差し上げました。

神つなぎ当日、一九九四年十月十日（月）、旧暦九月六日の様子です。

まずはじめに、親神様が儀式として私に盃を渡し、そして参加してくれる子神様三人に盃を渡しました。私を含む五人の神様がそろったところで、神棚へ今日の神つなぎの始まりを告げます。

・海神様へのご挨拶

盃を交わした後、車で私の親元の龍郷町「円集落」に到着。霊感で神様に教えていただいた、私の聖地です。海神様に捧げる祝詞が始まると、すぐに私の身体に神様が乗ってきて、喜びの踊りを踊りだします。これは神がかりです。

・水の神様へご挨拶（覚醒）

海からその足で山の奥にある「アムィゴこもり」に到着し、水神様への祝詞が始まります。ススキを両手に持った手が震えはじめ、意識が遠くなります。体の中が燃え上がるように熱くなり、内なるエネルギーが爆発し、体が勝手に踊りだします。私は「わぉー、わぉー」とターザンのように叫び、その声は山の中をこだましました。ススキを刀のように扱い、四方八方に向け叫び続け、私と合一した神様が目覚めます。「天照乃命~」「ア・マ・テ・ラ・ス~」と何度も叫び、神への賛美の気持ちで爆発せんばかりでした。

・自宅での祭り

自宅に戻ると、祖母のカメばあさんから、家に入る前に玄関先で雑魚をもらい、それを食べます。

そして塩で祓いをして家の中に入りました。祭りを祝うために大勢の親戚たちも来てくれているので、祭りをしている間は裏方も大変です。

神棚の前でドン、ドンと太鼓が打ち鳴らされ、祝詞が始まります。私も一緒に祝詞を唱えましたが、例の如く体が小刻みに震え始めました。カミウタが始まると、私の体は神に支配され、ススキを刀代わりに私の知るはずもない踊りを踊りだしました。後で見ていた方に聞くと、きれいな型を作って踊っていたらしいです。親戚のおばあちゃんの中には、私が踊りを習っていたと勘違いする人もいました。次に七人で神様へのお供え物を持って円を描くように歌を歌いながら踊ります。

先輩の兄弟ユタ神様が踊り方を皆に指導して、少し練習してから始めました。

・天《てん》ミシャク（クライマックス）

皆で一通り踊った後、親神様の「1、2、3」の号令で「3」の時、盃に注がれている「ミシャク（ミキ）」を天井に投げます。天井に付いた「ミシャク」が落ちなければ、神様が盃を受け取った（認められた）という証拠とします。めでたくタレることなく大成功！でした。

投げた瞬間、自分の感触としても神様が受け取ったと感じました。「終わった……」と思った瞬間、シマウタの「六調」というテンポの速い唄を親神様が歌いだし、皆で私を囲むように踊りだしました。子神たちは見ていた参加者も手招きをして輪の中に迎え入れ、踊る、踊る……皆で踊りました。島の人はどうしてこんなに踊ることが好きなんでしょう。

私も踊るように促されましたが、神がかりではなく素面の状態では、どうやって踊っていいのか、とても恥ずかしかったです。親神様は太鼓を叩きながら、楽しそうに私に向かって、「神じゃが、神じゃが、うれ、うれ、うれ、うれ～♪」と叫びました。そして、親神様が息が切れたところで、神つなぎは無事終了しました。

・仙人との別れ

正式な奄美のユタになって女神様を迎えた時に、指導霊の仙人は私の口を通してこう言いました。「ワシの役目は終わった、ワシはまた指導しなければならない者の所へ行かねばならない」。そう言い残して、高笑いしながら私の所を去り、二度と現れなくなりました。少し寂しい気もしますが、「ユタの道」へ導く霊的指導者としてどこかで活躍していることでしょう。

タイムスリップ

私はある時、こんな夢を見ました。夢というよりタイムスリップをしてその場所にいるような感覚のものでした、気温、湿気、におい等も感じることができ、鮮やかな情景の中に自分が立っている、しかし周りの人には自分が見えていないような感じでした。

場所は円集落、まだ大島紬がなかった時代のようです。茅葺き屋根で高床式の小さな家々、背中にサトウキビ等を背負った人たちとすれ違います。薄い芭蕉でできたようなヨレヨレの着物を着て、わら草履を履いている人や裸足の人がいます。広場の中心では牛の力でサトウキビを搾っています。

そして一軒の家の前に人が集まっていて、コソコソと噂話をしていました。「かわいそうに、あれは神ざわりなのにねぇ〜、助けてあげられないのかしらねぇ〜」

家の引き戸が開いていて、中の様子が見られました。布団に横たわるおばあさんが、奇妙な言葉を発しながら、今にも命絶える瞬間のようでした。親族もなすすべもなく、見守るしかない雰囲気でした。

この夢で見た風景の話を祖母にしたところ、村の情景はそんな感じだったと教えてもらいましたが、この神がかりのおばあさんのことについては何も分かりませんでした。

朝鮮半島から来たシーラ

ある日、私は不思議な夢を見ました。古い時代のお城とアーチ門が見え、着ている服や方角と距離感から古代朝鮮半島であると感じました。その国の偉い方から稲作を伝えるために沖縄に派遣されたシーラと呼ばれる女性が、小さな船に乗り沖縄へやって来ました。彼女は沖縄の人たちに米の作り方を指導して崇められました。米は本土にも広がりました。やがて彼女は神聖化され天照大神の原型となったと夢では教えられました。

その後、東京で出会った朝鮮半島系シャーマンの方にこの話をしたところ、シーラと似た発音では「種」を指すと教えて頂きました。またシルと呼ばれる神の里があり、農業の道具などもそこから来たという伝説もある、との大変興味深い話を聞かせて頂きました。

首里城へ導かれる

私はある時から沖縄の首里城がとても気になっていました。高校の修学旅行で行った時は特に何も感じなかったのですが、自分の勉強のために初めてお会いする女性のユタ神様の所に行った時、その方が神棚に手を合わせて振り返り、第一声で「神様が『しゅり』と言っておるが、あんた意味わかるね?」と言ってこられたので私はびっくりしました。これは首里に行かねばならないと思い、首里城に行くことにしました。

沖縄の親戚の車で首里城に向かっている時に、だんだんとものすごい動悸がしてきて首里城が近いんだと直感したので聞いてみると、「よくわかるね~、もう少しで着くよ~」と言いました。首里城への道を知らない私の身体に不思議な反応もありました。そして首里城の中に入り当時の様子を描いた壁の絵を見たときに、気絶しそうな衝撃と、こみ上げてくる懐かしさで身体が震え、力が抜けて悲鳴のような声を上げて泣き始めたので、私はタオルを口に突っ込み声が出ないようにして、親戚に人のあまりいない所に連れて行ってもらい、そこで落ち着くまで少し休ませてもらうという出来事がありました。

その後、城内を歩いて回るときに、私自身の感覚なのか、私の神様の感覚なのか、はっきりと、ここに居た感覚があり、とても懐かしい思いを噛み締めるように見て回っていました。おそらく私の中の女性の神様が私の身体を使ってここに来たかったのか、私の前世ではないかと思っています。

ユタの伝承を受け継ぐ

晴れて正式なユタとなり親神様から教えを受け継ぐこととなり、親神様のお宅へ伺いました。親神様は「これから伝承するユタの教えは、誰かに盗まれたり知られたりするのは良くない。これはとても大事なもので一千万円の価値（一九八四年の価値基準）がある。私は女一人で娘を三人大学まで行かせた。大切に扱ってほしい」と言いました。誰にも盗み聞きされないように部屋の窓は全部閉めて、カーテンも閉め、電気も消して留守のような状態にして、ほのかなローソクのあかりだけにしました。

奄美のユタの祝詞は唄になっているものが多く、昔のユタたちは親神様のもとに集まって一緒に唱えながら覚えた、といいます。私はまた東京に戻らなければならないので、録音をさせてもらうようお願いをしました。親神様は少し恥ずかしそうにしていましたが引き受けてくれました。文言に関しては、親神様は自分が勉強していた時の記録ノートを渡してくれて、コピー印刷していいと言ってくれたので、すぐに印刷をして貴重なノートは親神様にお返ししました。他の、動作が必要な神刀等を使った各種お祓いなどを丁寧に伝授してもらいました。

食の戒律

ユタの伝承では、食べられないものが結構あります。神の使いになる動物や、空を高く飛ぶ鳥は食べられません。結局、肉は豚と鶏以外は食べられないのではないかと思います。また、神様は臭いにおいを嫌うとのことで、鰻やニンニク等、においのきついモノを食べて神棚に座ると神様が逃げてしまうといいます。

私の知っているユタは、牛に関わる製品を避けています。奄美の食生活はもともと豚肉と魚中心で、牛肉は輸入品で臭みが強く、あまり食べないのですが、この東京においては、豚より牛中心という感じです。食品売り場にはケーキやアイスクリーム、ミルク入りコーヒー等、「乳」の文字の入った食品がほとんどですから、その中から「乳」の文字が入ってないものを探すのも一苦労です。肉が好きな私は、ユタになることを決めてから覚悟していたので、儀式の前に親に頼んで「焼き肉さよなら」パーティーを開いてもらって、思い残すことのないように苦しくなるまで食べました。

そんな私を見かねてか、親神様から何とも信じられない嬉しいお言葉を頂いたのです。「あんたは年も若く働き盛りだから、牛を食べても身体がなんともなかったら食べなさい」

親神様は牛製品を食べるとすぐにブツブツができるから食べられないらしいです。友達がいたずらで、ミルクが入っているお菓子を食べさせたりしたことがあったけど、やっぱりすぐブツブツができて食べられなかったと言っていました。その後、私は恐る恐る牛製品や牛肉を試してみたら、何ともなく今までどおりおいしく食べることができたので、私の場合は神つなぎをしたあとの身体の変化と言えば、とにかくにおいに敏感になって、生臭いものが食べられなくなった、というくらいでした。

今まで好きだった某ファストフードの鶏肉の唐揚げの油が駄目になり、刺身は一定以上食べると吐きそうになるようになりました。

歴史的背景

私は食の戒律に関しては、神道の考え方とほぼ同じではないかと感じました。神道関係の書物によると、牛と馬を食べることが神に対して最も重い罪になっています。

馬に関しては、神様が乗る神聖な「神馬」というところからきていることが予想できます。実際に私も霊感で真っ白な神馬を視た経験がありますし、ユタの神棚には必ず神馬を祀っています。牛に関しては、伝承説話の中で村人の信仰心のなさに怒った神様が牛の姿に化けて村人を懲らしめたという話があるので、そのあたりからきているのではないかと推測されます。

しかし、明治末年頃までは、琉球の各島々で「動物供犠」というのが行なわれており、ノロやユタが関与してその村の魔除けや個人的な重病人の回復祈願に、牛や豚を神様に捧げ、皆で共食していた事実があります。

ある文献には琉球を制圧した薩摩が政治力強化のために、それまで仏教が盛んだった奄美の仏像を壊して、神道を浸透させたとあります。お仏壇のお線香の前に鏡を置くように命令し、配ったとあり、島人は見回りが来る時だけ線香の前に鏡を置いた、と記述されていました。

なるほど、奄美のユタが神道では使わない、仏教的な道具の「りん」、線香、ロウソクを神棚に置くのはその時代の名残を守ってきたからなんだと、私は解釈しています。

また、私を含め霊感において神様から直接「牛を食してはいけないと言われた」と言うユタの話も耳にしたことがありません。

私は自分で納得しないと気がすまないので、その疑問を解決するため身体を張って検証すべく、ユタの一年に一回のとても重要で大きな神祭りに行きました。その祭りの前日に肉など食べて参加すると神様の逆鱗に触れて災いを受けると伝えられている祭りの前日に、あえて肉をたくさん食べて参加したところ、何も起きずにいつものように終わり、見学者からはいい祭りだったと言われました、私の場合は何も起こりません、身体はどうもありません。また、神様に直接怒られることもありません。

今後、私の子神（弟子）になる方には、もちろん最初の〝興ナツ子親神様〟の教えに従って、こう言います。「食べてみて身体がなんともなかったら、好きなものを何でも食べなさい」

第三章　愉快なユタ仲間と聖地巡り

神つなぎを終えて正式ユタとなって一年目のお祝いをするために、再び奄美へ戻りました。その儀式を、これから新たに子神になるというユタの卵の中年女性が見学に来ていました。その女性は祖母がユタで、前述したパチンコ好き男性ユタの下で子神として修行をしていました。しかし間違った水の聖地に連れて行かれ、そこで神つなぎをしたため、自分の中で違和感が拭い去れず、そこを辞めてこちらに志願して移ってきたとのことでした。これが彼女との出会いであり、今後十年以上も続くユタ仲間の中心的存在の一人となりました。

彼女は奄美大島で一番の飲み屋街でスナックを経営するママさんでもあったので、お喋りが楽しくオープンな雰囲気を持っていて、周りに人が集まってくる人物でした。彼女の元には以前のユタ修行仲間たちが入れ代わり立ち代わり、常に二〜三人程いました。私は奄美に帰る時は必ず彼女に連絡しました。そうすると日程を決めて彼女の家に皆で集まり、昼頃から夕方まで四時間、五時間と時を忘れて夢中でユタにまつわる話や不思議な体験の話をしました。

ある日は中心的なママさんユタの話でした。ある時、ママさんユタが腕に包帯をしていたので聞いてみると、引っ越したばかりの家の中のドア受けの金具が突起のように出ていた所があって、そこに腕を引っ掛けて結構派手に切ったとのことでした。彼女はそれを「火の神様を祀りなさい」という知らせだったと豪快に笑いながら話すのです。「はげー、引っ越してから、大事な火の神様祀るのを忘れてたのよぉ〜、それを神様が怒ってじゃが〜」と言いました。ちょうどその場所の上に神棚を置けるスペースがあり、そこに火の神様を設置していました。

彼女は夢で神様からのお告げを受け取ることが多いとのことで、夢知らせ日記をつけていて、事実との検証を試みていました。一年前見た夢が現実になったとかの話をよくしていて、「前もって夢に見ることが多いけれども、それがいつ起こるのかは神様は教えてくれない」、とも言っていました。また誰かが神棚に、この龍神の置物置いたら霊能力が強くなった、と言えば真似てみたりと、霊能力を高めるための重要な情報交換の場でした。

祖母がユタであったということで、祖母が使っていた神道具やノートに記録していた古い島口の祝詞などには、皆、興味津津でした。昔のユタが使っていたという数霊（数霊玉、数珠玉という植物の種に糸を通して作る）を作るために、皆で車に乗って植物を探しに行き、釣り糸を通して首に掛けられるサイズのものを作りもしました。おかげで皆の神棚は物が増えていく一方でした。

やがて、ユタの修行で一度はやらねばならない七カ所巡りを、皆ですることになりました。これは七カ所の神社の聖地を回って神様とつなぎをし、力をもらって行くというものです。親神様の話によれば「もしも相談者が神様の敷地で知らずに木を切るなど無礼なことをして神ざわり（祟り）

等を起こした時に、その神様と面識があればすぐに許しを請うことができる」ということでした。私たちはユタ三人とお供一人計四人で車で行くことにしました。行くべき神社と作法は親神様に指導を仰ぎました。

干潮を少し過ぎた時間に合わせてスタート時間を決めました。これも親神様からの指導で、干潮から満潮の間に執り行うように言われました。干潮から少し過ぎた時間というのは、新しい波花（白波のこと）で身を清めてスタートするためでした。そして各神社でお供え物をして祝詞を挙げ、ユタの神唄を歌います。親神様から、山では神様を起こすように大きな音で叩くように言われていたのでそうしました。太鼓を叩いていると、上空を鳥が旋回し神秘的な光景をみることもできました。神唄を歌うとそれぞれに神様がのりかかり、その場所場所で違う踊りや動作をします。その動作から、そこにいらっしゃる神様の特質を皆でワクワクしながら考えて導き出します。

ある神社では巫女舞のようであったり、くるくる回るだけだったり、はたまた刀を持つ仕草や笛を吹く仕草をみせたり、それはそれは私たちにとっては神様と戯れるひと時のようでしたので、とても楽しくてたまりませんでした。

各神社に到着すると、まずは神社の四隅に左周りで挨拶してから入らないと気がすまない感じになって、自然とそうしていると、もうひとりも同じことをしていたことに気づき、お互いに顔を見合わせて「不思議じゃやー（不思議だね）」を連発していました。この神社はパワーがすごいとか弱いとか、各神社の持つパワーを知ることもできました。

蒲生神社での出来事

蒲生神社は、蒲生崎展望台に行く道の脇道にあります。この場所は良い時季に行くと、ものすごい種類の蝶が出迎えてくれます。美しい蝶のアーチ、いや、蝶のトンネルを潜る、まるで妖精の国に来たような素晴らしい体験ができます。しかし、悲しいかな、業務用の大きい網を振り回している人を見かけたこともあります。貴重な奄美の自然を壊さないでほしいと思います。

ユタの祝詞の中にもこの場所は入っています。私がこの神社で霊感でキャッチした映像は、白い着物の武将が海際を馬に乗って弓を三本こちらに向かって放つというものでした。同行したきょうだいユタも、弓矢が三本飛んでくる映像が浮かんだと言っていました。

もう一人のユタが、身体が引っ張られると言うので、神社の裏側から下のほうに少し歩いて行くと、井戸のようなものがあり、後で調べてみると、この神社のお祭りで力水としていただく行事があったみたいです。

ここは奄美の心霊スポットとしても有名で、馬が歩く蹄の音が聞こえたとか、お侍さんの姿を見たとか、なぜか車がエンストを起こして、この場所に行けないとかいうような話があり、肝試しにくる若者たちもいます。鳥居が二カ所あり、新しく歩きやすい道にできたものと、古い昔の鳥居があります。ユタは古い方をくぐって歩いて行きますが、斜面がきついのでゼーハーゼーハー言いながら行きました。

今井崎・立神

この場所がある安木屋場《あんきゃば》の海岸では、集落の方々が漁師や海を越えて遠くに行っている人の安全祈願をしています。それは、その昔この近辺で船が遭難しかかった時、シロドリ（白鳥）の姿を借りた神様が道案内をして助けてくれたという伝説が残っているからです。その神の化身シロドリをこの岬の山の上にある今井大権現という神社に祀ってあります。神社に登る時はこの海岸で禊をします。

旧暦の九月九日は、七カ所のシマ（集落）から七人の代表ノロが集まり、長瀬と呼ばれる岩に立ち、立神を目印にやってくる女神様を迎えて、海岸から山の頂上まで登ってお連れし、盛大にお祭りをしていたそうです。

その後、祭りは長く途絶えていましたが、のちに、その神社の神主となった男性ユタ神様が、小学校四年生の時に霊的に呼ばれて、七人の神様（故ノロたち）が示した場所を掘り起こすと、古い時代の神道具が地中から出てきたので、祭りを復活して執り行ってきました。しかし、その方が二〇一五年に亡くなり、祭りも見られなくなってしまいました。亡くなった後に神社の掃除に訪れた方が、香炉の上にハブの抜け殻があるのを発見しました。神様の使いとも言われているハブの抜け殻が屋内にあるのは、とても意味を持つと考えられています。神主が亡くなったあとも、ここで神社を見守り続けるという意味だろう、と話していました。またその方には神社での不思議な体験談も聞くことができました。一人で神社の掃除をしている時に、突然ものすごい数の太鼓の大きな音が「ドンドンドン」と鳴り出し、恐ろしくて逃げ出したことがあるそうです。

神社の近くに女神様の降臨の地として降嶽《オタキ》と呼ばれる場所があります。ある研究家の方が、『日本書紀』の女神イザナミ様はこの場所に降臨し、男神イザナギ様は沖縄のある海岸に降臨したと考えている、と言っていました。

また神主から聞いた興味深い話があります。天岩戸は沖縄の伊平屋島にある天岩戸が本当の場所で、じつは天岩戸とは女性器のことであり、そこから神が誕生したという意味だそうです。ユタでその場所に呼ばれる方は、天岩戸の前で自分の女性器を見せてお祈りをするのだと言っていました。

神社の上の方に、黒い銅でできたような大きい鏡を首からぶら下げている白い着物の女性が立っているのが視えました。その場所に行くと、墓がありました。後で神主に聞くと、その墓はノロの墓で、その中に神道具があったのだけれど盗賊に盗まれたとのことでした。

この神社周辺は、霊的存在の目撃談がとても多い場所でもあります。七柱の神々、天狗、武士、ノロ等です。そしてなんとユタ三人の神がかりパワーを浴びたせいなのか、お供で来ていたユタ勉強中の女性も、この場所でいきなり神がかりが発動して踊りだしたのです。その女性もこれをキッカケとして目覚め、ユタへの道を進むことになりました。神社に登る石の階段はとても急で、かなりハードでした。

金久弁才天（厳島神社）

この神は、近くの漁師たちの神様です。ユタの祝詞の中にもあります。金久中学校に向かう途中の山の上にあります。そんなに高くないので登れますが、一時期、崖崩れで道が寸断されていました。その後どうなっているかは未確認です。ここで祝詞をあげている時に、ノロたちとムラの人たち大勢が牛を一頭連れてここに向かってくる映像をキャッチしました。おそらくその牛は神に奉納し、村の繁栄を祈願していたように感じました。

一カ所一カ所で神がかって踊っていたので、日が暮れてしまいました。一人のユタ仲間とお供の子は、時間がなくなってやむなく帰って行きました。残った二人で何とか今日中に七カ所回りきりたいと、急ぐことにしました。島は夜になると真っ暗になりますので、足元が暗くてとても大変でした。とある神社では扉を開けた瞬間にコウモリが飛び出してきました。怖い思いもしながらなんとか遂行しました。

十五夜祭り

怖かった修行はもう一つありました。十五夜祭りをすることになり、夕暮れどきから山の神様（仙人）が住むと言われている高い山に行くことになりました。私たちユタ三人は私の兄に車の運転を頼みました。途中車を降りて、高い山の見晴台のようなところまで歩いて登って行き、拝むことにしました。空に近い場所から見える満月はとても大きく、それに負けないように太鼓を大きな音で叩きました。

山々にコダマする太鼓と私の神唄、月に向かい夢中で叩いていると後ろから「危ない！」という声がしました。我に返り振り向くと、一人が激しい神がかり踊りをしていて、その場所から落ちそうになっていました。気が付くと辺りは月明かりだけの山の中、奄美はハブもいるので帰りが急に怖くなりました。

車まで戻るには森の道を通るので月明かりも届きにくく、真っ暗闇なのでたどり着けるのかとかいろんな不安が頭をよぎりました。しかし歩いて進んでみると、まるで道案内をしてくれているかのように蛍の光のようなものが見えて、それをたよりに進んでゆくと、なんと車のところにたどり着けました。ハブの危険もあり、なるべく皆早足で歩いていったので、あの光がなんだったのかの確認はできませんでしたが、とても不思議な経験ができたと思います。

なんと車で山道を帰るときに、一瞬車で細い棒でも踏んだように小さく跳ね、運転していた兄はハブを踏んだかもと言っていました。ハブに遭遇しなくて良かったという気持ちと、ハブは山の神様の使いというような意味もありますので、ユタ的には複雑な思いです。

七日七夜参り

もう一つ大きな修行として同じ聖地で祈る七日七夜参りというのがあります。仲間のユタの祖母が行っていたという、山の中にある聖地でやろうという話がありました。しかし残念ながら私は誘われず、私が東京にいる間に行われたそうです。話を聞くと、その聖地に行くには川に入るため、着替えをしなければならないので、やはり女性だけでやろうということになったそうです。ユタの世界は圧倒的に女性が多いので、仕方のない話でした。

一日にゆで卵二個だけは食べてよい、というルールで行ったようでしたが、実際のところ断食は四日、五日くらいでルールは崩れたようです。メンバーの中に料理を作る仕事をしている人もいるので、ついつい味見をしたそうです。何キロ痩せたとか、険しい山道なので、誰かが滑って川に落ちて大変だったとか言っていました。肝心の霊能力アップには繋がらなかったようです。

ついでに言うと、前の親神様は修行をさせるのが好きだったようで、荒く深い海で全身頭までつかって立ち泳ぎをしながら祝詞を唱えさせられて溺れそうになった、という話もあります。また、ある川の聖地に行った時に水の量が少なくてチョロチョロ流れる水の下に寝かされ、額に水が当たるようにして祝詞を唱えさせられ、口や鼻に何度も水が入り死にそうになった、とも言っていました。大笑いしながらその時の話をする姿は普通の女子会そのものでした。

このメンバーも私以外は牛製品を避けていました。その後はユタ仲間たちもお客様をとるようになったり、子神様の指導などするようになっていきました。いろいろと神事祭り事も増えて、その度に私も呼ばれて参加するようになりました。

あやまる岬

ここは奄美の財産と言ってもいい素晴らしい眺めの場所です。観光スポットとして知られていますが、じつはユタの聖地であることはあまり知られていないと思います。観光の場合は展望台から海を眺めて帰るパターンが多いので、聖地のある浜までは、あまり下りることがないでしょう。聖地は海岸に下りて左に行った所にあります。ここは善の神様と悪の神様が強いエネルギーで戦っている場所と言われています。

本土の平家の子孫の方が、先祖が何度も夢枕に立ち、お知らせを受けてこの聖地の山の斜面で古い刀の鍔《つば》と古銭を掘り出して持って帰ったという話を親神様から聞きました。

用岬（笠利崎）

お祭りの時に、私たちがここで太鼓を叩いていると、上空を鳥が旋回し神秘的な光景をみることができました。ここに導かれるユタの話を聞くことは多いです。また一般の方を含め、いろんな方をここに連れて行きましたが、皆さんが一番神がかったり、泣き出したりと反応を示す場所でしたので、特別な力を持った場所と言えます。

打田原（笠利町大字喜瀬）

打田原の海岸に、まるで女神が立っているように見える岩があります。これを昔の人は人形岩とか女神岩とか呼んで、信仰の対象にしていたようです。ノロやユタも、ここで何かしらのお祭りをしていたそうです。鯨浜の先に女神岩があります。ここに行くには少し水に濡れないとたどり着けません。

大瀬海岸（笠利町。島ではフーシィ（大きい石）海岸）

海岸に大きな丸い石がまるで海の上に浮かんでいるように見える幻想的な場所があります。この海岸でユタが神がかりになり、シロギン（白い着物）を着て刀を天に突き上げ走っている記録映像を見たこともあります。

私の母の本家のある場所です。ここに沖縄から箱舟で島流しにされてきたノロが、このシマにとても貢献したという話があり、その箱舟が漂着した場所も大切にされていたようです。

また、この場所は奄美でもっとも渡り鳥の集まる場所で、バードウォッチャーたちの聖地でもあります。私も一度夜明けの時間に見に行ったことがあります。まるで天国かと思うぐらいに素晴らしい光景を見ることができました。大小さまざまな、信じられないくらいたくさんの種類の美しい鳥たちがいるのです。

上野動物園にも奄美のルリカケスという、国の天然記念物の鳥が紹介されていました。そしてその説明文に、奄美は世界の渡り鳥のかなりの種類を見ることができる貴重な場所であると書いてありました。

奄美開闢神　阿摩美姑神社

この神社は後から建てられたものです。本当に神様が降臨された場所は、この場所のすぐ近くの山の中でアマンデーという石碑もある場所とされています。厄介なことに、その近くにある自衛隊基地のすぐ隣に、元祖アマンデーという場所があります。両方ともパワーがありますが、私は親神様から教えられた元祖と書かれていない方が行きやすいので好きです。

湯湾岳も開闢神がはじめに降り立った場所とされていますが、研究者の間では土器など古いものがたくさん発掘されている地域にある、こちらが有力と言われています。

マテリアの滝

太陽の光をもっとも美しく反射させる滝壺として奄美では知られています。太陽の神と水の神が交じり合う場所と言ってもいいかもしれません。

奄美の伝説によれば、思松金《オモイマツガネ》という絶世の美女が太陽の光にさされて、太陽の子供を身ごもり、神の子供をこの世に誕生させたという話があります。それがユタの祖と言われていますので、ユタにとってのお母さんは「水（思松金）」で、お父さんは「太陽（ティダガナシ）」です。ユタは個人個人の水の聖地、神の子として目覚める場所を持っています。私たちユタは、思松金様の体の一部から生まれたと、親神様から教えられています。

この場所は、ユタ仲間の前の親神様グループの修行の場所でもありました。話によれば、岩につかまりながら滝の勢いの強いところまで行って滝に打たれたそうです。時には観光客に写真を撮られたりして恥ずかしかったと言っていました。

私の霊感で視ると、中央に茶系で十メートルぐらいの大きさの山の精（龍神様）が視えました。迫力がありすぎて、近くまで行けませんでした。知り合いからこんな話を聞きました。親子で遊びに来た時に、突然、子供が深いところに飛び込んで溺れそうになりました。泳げないにもかかわらず、必死で娘だけでも助けようと母親が飛び込み、立ち泳ぎしながら娘のお尻を押し上げて息をさせるのが精一杯でした。体力も限界に近づき、もうダメかと思った時に、股の間に何かが入る感じがして、それにまたがるように下から水面に押し上げられ、命を助けられたそうです。それを見ていた人も何かに押し上げられるように水面に出てきたように見えた、と言われたそうです。

湯湾岳

男性のユタから聞いた話です。昔この山に登ったユタが頂上付近で大蛇にものすごい光を浴びせられ、失明したことがあり、恐ろしい山であると言っていました。私は何回か登りましたが、そのような気配すら感じたことはありませんので大丈夫だと思います。湯湾岳の山頂に赤い鳥居があり、そこを抜けると祠が密集しています。

その男性ユタが自身の親神様と一緒に二人で作り上げたという、神馬付きの祠があります。この祠の由来を誰もわからなくなる前に、ここに書いておきたいと思います。ここを聖地として、新たな神道のようなものをつくりたかったようです。ここに何度も足を運び、祠をつくっている時に、「ホー、ホー」とケンムンの声が聞こえたけれど無視したと言っていました。

ある日のことです。湯湾岳に登ると、中年女性が二人、祠と神域全体を掃除して、枯れ木等を集めて燃やしていました。ここで人に会うことは初めてでしたので話を聞いてみると、過去にものすごい神がかりに悩まされてユタの指導を受けていたが、一向に苦しみは治まらず悩んでいたところ、気が付くといろんな神社や聖地を掃除して歩くようになっていたそうです。そのころからピタリと神がかりは収まったらしく、今は自分がユタになるということからおりて、掃除の業をすることで自分が守られていられるのだろうと考えています、とのことでした。

湯湾岳にはもう一つ「与湾大親」の石碑もありました。琉球王国時代、奄美大島を治めた大親の一人だそうです。沖縄のノロ関係の方が参拝に来られるようです。湯湾岳の聖地は、鳥居を抜けると五つも祀られています。何かそれだけの魅力があるということでしょう。

平資盛を祀る大屯《おおちょん》神社

加計呂麻《かけろま》島にあります。ここもユタの祝詞にあり、多くのユタが訪れています。年一回、秋に「諸鈍《しょどん》シバヤ」というお祭りがあります。これは平家が伝えた芸能として伝えられており、バスツアーもあるくらい有名です。

この近くで工事のため土を掘っていた作業員が、突然意識が錯乱して首がクルクル回り、自分で止められなくなりました。すぐに病院に行きましたが治まらず、ユタ神様を訪ねてきたそうです。ユタの判断は「神障《かみざわ》り」でした。そこに神様がいて、動かしてはならない石を動かしたことが原因だったようです。ユタ神様はその神様にお詫びの儀式をしました。すると、途端にうそのように首の動きが止まったそうです。

円集落近辺（龍郷町）

私の聖地でもあります。龍郷町は龍の郷と書くこともあり、一部の研究家は龍にまつわる諸説も多いので、この場所こそ龍神の里であり龍宮城があった場所ではないか、と話しているそうです。

琉球列島に伝わる龍宮城伝説とは、深海にネリヤカナヤという神の国があり、全てはそこからやってきたという伝説です。

男子禁制のノロ祭りをしていた場所もあり、ここはいろいろとうわさ話があり、村人は近づきたがりません。また珊瑚墓と呼ばれる場所からは、火の玉の目撃談もあります。

また、神様が遊ぶ、と言い伝えられている場所に黒檀の木があります。釘も通さないほどの堅い木で、三味線の竿にすると三十万円以上の値がつく最高級品になるそうです。今ではあまり見られなくなり、とても貴重なので、三味線業者が買いたいと来るそうですが、売られることはなく、神の木として大切にされています。

奄美で一番大きな神社である高千穂神社は、最初に円集落の山に建てられて、そこから現在の名瀬市の中心街付近に移動したとのことです。一度集落の役場の人を訪ね、その場所を探しに行きましたが、大体の場所しか分からず、道も途中で消えていて断念しました。古い記憶がある人の話ですと、小さな観音像があったそうです。

円集落にはノロ家の呪いの話があります。集落の中心的なノロ家系の後継者が引き継ぎをしないで、ほったらかしで島を出て本土に行ってしまいました。その一族にどんどん不幸が訪れ、次々に変死し、生き残っている者も突然目が見えなくなったりして、一族は全員絶えました。誰も触れぬまま残されているのがその家です。

円集落から長雲に向かう山の途中に、シルイシ（白い石）という場所があります。これは昔、異国の兵士がここに石を運んで要塞を作った跡だと伝えられている場所で、そこで朝早くに神がかりになり、遠吠えをしていた男ユタがいました。

また、その場所の近くで畑を作っていた私の親戚が、ある日、平坦な更地に緑色の身体をしたケンムン（妖怪）が座って寝ていたのを目撃したらしいのです。身体は細く小学四年生くらいの大きさで、体育座りをしているその膝は耳もとまでくる人間離れした足の長さで、頭は河童のようにお皿があり、油を塗ったようにヌルヌルと光っていたとのことでした。当時は大騒ぎとなり、鹿児島から新聞社等の取材も受けたそうです。私がこの話を聞いたときは目撃者の男性は亡くなっていて、その奥さんから聞きました。

それで奥さんに頼み込んでその場所を案内してもらえることになりました。しかし、山を登り、途中までできたところで、奥さんから「やっぱり怖いから行くの止めよう」と言われて教えてもらえませんでした。ケンムンの現れる場所は大体聖地です。私は、ケンムンは人間が聖地を荒らさないように見張りをしているのだと考えています。奄美の民間説話に残るケンムンの伝説によれば、もともとは山の神様であったのだけれど、何か悪さをして神様から醜いケンムンの姿に変えられたとのことです。

人間に遭遇すると相撲を取ろうと要求してきて、怪力なのでどこまでも投げ飛ばされて殺されてしまいます。弱点は耳で、耳を掴むと力がなくなり、その隙に倒して勝つことはできますが、勝っても勝っても仲間を呼ぶので、どんどんケンムンに囲まれてしまいます。地面に円を書けば、結界となってケンムンはその中に入れなくなりますが、囲まれてしまうと逃げることもできないそうです。

ただ、魚が好物なので、魚をあげればその隙に逃げられるとのことです。昔の人は山道を行くときはケンムンに遭遇した場合に備え、魚を持って歩いたそうです。道端に目だけがくり抜かれた魚が落ちていたら、ケンムンが食べたあとだと考えたそうです。ケンムンの住処は大きなガジュマルの木の上なので、そういった場所には近づかないようにしている、とのことです。

私は兄からこんな話を聞きました。兄が、人があまり来ない穴場で一人釣りをしていたら、後ろからカタンと音がして、クーラーボックスを調べてみると魚が消えていました。「あれは絶対おかしい出来事だからケンムンかも知れない」と言っていました。また兄の友達の話として、人里離れた田舎の友達のところで飲み会があり、翌日、近くのガジュマルの木の下に停めていた車が音もなくひっくり返っていて、男たち四人でなんとか元に戻したとのことです。これもケンムンの仕業じゃないか、と話していました。また、私の同級生の父親は、ケンムンに直に遭遇し相撲を取ったとのことで、投げ飛ばされて地面に叩き付けられて、足を骨折しました。近くの警察に通報して現場検証までしてもらったが、その時はケンムンが吐いた緑色の唾液のようなモノだけが残されていた、といいます。その唾液は酸のように地面から煙が出ていたそうです。

そんな話を聞き、相撲を取れるほどリアルな姿で存在しているのなら、霊とは違う生き物のはずです。私はどうしても見たくなって、いろいろと情報を聞き歩きました。ケンムンに石を投げられた、という場所があると聞きつけて、そこに日が暮れるまで待っていましたが、遭遇はできませんでした。

神主でもある男性ユタから聞いた話もありました。子供の頃に自分の親の体験話として聞いたそうです。円集落にあるノロの祭事道具を保管してある家の近くにケンムンが出没した時には、相撲を取ろうと言われ、取り組んだら、片手で一軒の平屋を飛び越えるほど投げ飛ばされた、といいます。

円集落から安木屋場に向かう採石場の上に、天狗に呼ばれて行ったらコモリ（水が溜まっている場所）があったので、そこを聖地にした、というユタがいたとのことです。ここもまたケンムンが出ると噂の場所です。そこからさらに進んだ、芭蕉群、ソテツ群の山は圧巻です。私はものすごいパワーを感じます。パワースポットです。

第四章　琉球列島ユタの調査の旅

奄美群島

私は他の地域のユタたちのことが知りたくなりました。活動しているユタがいたら、話を聞きたいと思いました。友人や知人と現地を訪ねて調査しましたが、奄美群島においては大島本島以外は既にユタは活動していないことがわかりました。与論島にも足を運びましたが、ユタの代わりに神社の神主がいろいろと相談事を聞いているようでした。また与論島は奄美本土とも沖縄とも違う神式の信仰スタイルを強く持っているようでした。墓地には神式のお宮があり、与論の強い主張が感じられました。ユタは随分と早く廃れたような印象を受けました。

沖縄本島編

私の祖母は沖縄の人ですから、沖縄には親戚がいます。祖母は戦後沖縄から奄美へ大島紬の機織りの仕事のために来て、その時に祖父と出会い、恋に落ちたそうです。当時の沖縄の人は歴史的に琉球王朝の支配下にあった奄美大島の人たちに対して差別感があり、沖縄の人が奄美の人と結婚することは許されない雰囲気があったようです。祖父を愛してしまった祖母は奄美から離れようとせず、痺れを切らし、祖母を一番かわいがっていた姉が奄美に連れ戻しにやって来ました。祖母を浜辺に呼び出し、刀を目の前に投げ「私はあなたを連れ戻しに来た、一緒に帰らないならその刀で私を切りなさい」と言いました。その時、祖母は浜辺に膝を落として姉の言い付けに従ったそうです。その後も目を盗んでは奄美に会いに行く祖母の情熱に根負けし、結婚を許したそうです。

因みに祖母が話す方言が沖縄のものだったということを、高校生になって初めて知りました。それはユタ神様のところに一緒に行ったとき、「あんたのばあちゃんの沖縄の方言は私には分からないが、なんと言っているのか？」と、ユタ神様から聞かれて知ったのでした。小さい時から聞いていたし、家族も沖縄弁だと理解した上で対応していたんだと分かりました。私の子供の頃は奄美も標準語にしていこうという島全体の方向性がありました。ユタ神様の世界に触れるまで、奄美の古い方言についてはほとんど考えたことがありませんでした。ユタの親神様は、奄美の神様には方言で話さないと通じないと言いました。ユタの道をゆくには、奄美の昔の方言を知る必要があります。

沖縄の親戚の中に、私と同じ丙午年生まれの女性で、パワーブレスレットのお店を経営するパワフルなシングルマザーがおります。その人に沖縄のユタ調査の協力をお願いしました。「私はユタのことは詳しいよ～、五十人くらいユタを買ってるさぁ～」と言っていました。沖縄では「医者半分、ユタ半分」という言葉があるくらい、何か困ったことがあればすぐに相談に行くそうです。「ユタというジャンルの方々は千人くらいいるんじゃないか」と言っていました。またユタという仕切りも曖昧で、どこからどこまでがユタなのかも分かりにくいそうです。看板を出しているユタも多く、電話帳で探すこともできるそうです。

ユタの種類も、人のハンジをするユタ、習いユタといってハンジはしないがウトートー（拝み）専門にしている方、手相などを観る占い師なのかユタなのか分からないけど神棚を祀っていてユタ的な話などもする方がいるそうです。沖縄はチャンプル（まぜこぜ）文化とも言われているところもあるので、ユタのジャンルでもそのような雰囲気がありそうです。沖縄では「霊感＝ユタ」という捉え方をする人が多く、霊体験をした話すると、周りからは「あんたユタじゃない？」となり、本人もどうなのか分からないままユタのジャンルに入れられたりするようです。

もう一つ、カミンチュと呼ばれる人たちがいます。神事をする人のことです。私は親戚の協力者に信頼できるユタを三人紹介してほしいと頼み、人気の方をリストアップしてもらいました。真夏に車で案内してもらったのですが、沖縄では最高のもてなしとして、クーラーの温度を低くするという風習があるようです。車内は冷蔵庫の中かと思うくらいに温度を下げているので、外に出るたびに温度差でドッと汗が噴き出し、Tシャツを絞る場面もありました。

最初に行ったのは占い的な看板を出している方のお宅です。千手観音を中心とした仏教が中心らしく、庭や室内に仏像を置いていました。普通に鑑定をしてもらうと、四柱推命を用いた東洋の占いで、会話の中に先祖供養の話がある感じで、ユタではありませんでした。

次に訪れたのが国際通り（繁華街）にお店を構える方でした。毎日拝んでいると思われる存在感の強い神棚が正面にありましたが、鑑定スタイルは手相と画数でした。霊感はないと言っていましたが、何か災いがある時は先祖供養に間違いがある時だという話もしていました。ユタの先生のような方がいて、依頼者を連れてウートートー巡りをしたりもするようですので、習いユタとも呼べるのかもしれません。

いよいよ三人目です。この方は友達に教えてもらったユタだそうです。看板も出してなくて団地に住んでいるとのことで、今度こそユタに会えるのでは、と期待が膨らみました。予約をするために教えてもらった電話番号にかけると、なにか少しびっくりした様子で「誰から番号を聞いたか」と聞かれましたが、陽気な話し方をする人でした。地元以外の人は相談には行かない方なのかと思いました。約束の五分くらい前に玄関のベルを押しました。中からは旦那さんと思われる方がニコニコ顔で出てきて、奥の部屋にはお子さんもいるようでした。ルームウェアーを着た少し太った旦那さんが中に案内してくれて「今さっき買い物に言ったから、少し待っててね」と言われて待っていました。

それから三十分後に買い物袋をたくさん抱えた普通の主婦の雰囲気の方が帰ってきて、悪びれる様子もなくニコニコ顔で「お待たせしました〜」とやってきました。奄美にも島時間と言われる島の人の時間感覚があり、集合時間になってからお風呂に入ったりして準備を始め、ボチボチ出かけるような習慣があります。時間通りに行っても誰も来ていないことが当たり前で、大体三十分ぐらい過ぎる頃に全員揃うというのが島の標準なので、待ち合わせ時間を決めるときにはそれを踏まえてみんなが揃うだろう時間を想定して決めます。集まるメンバーもそれを踏まえたうえで家を出る時間を決めるので、自ずと全体がそれで調和します。しかし東京で五分前が当たり前の感覚を身につけてしまった者からすると、改めてびっくりする島の常識です。

これを書いている現在（二〇二三年）は、十五年ほど前から私が奄美にセッションに行く頃には予約のお客様はほとんど五分前に来るようになっていて、東京のお客さんよりも時間はキチッとしている印象です。中には懐かしの島時間の人もいますが、珍しいくらいです。同じく十年ほど前、私が昔好きだったフォークシンガーが奄美に来るとのことでミニライブを見に行きました。その歌手が第一声でこんなことを言っていました。「おお！　時間通りに皆来てる。いや〜、ここに来る前に沖縄に行ってきました。開演予定時刻からボチボチ人が集まりだして、開演が一時間遅れになってしまったので。奄美はちゃんと集まるんですね（笑）」

本土の人からすると、奄美も沖縄も同じに見えるのでしょうけれども、似ているところと違うところとあります。神棚が置いてある部屋でハンジが始まります。神棚のスタイルも奄美のユタ神様のスタイルとは随分と違っていました。奄美は本土の天照大御神を中心にした神式に近いのに対して、沖縄は仏教寄りのスタイルでした。千手観音様を中心に龍神様、不動明王の仏像を飾っている方が多いようでした。

沖縄が琉球の頃は、中国との交易が盛んで、三味線、空手の元となる武芸や演芸などいろんな影響がうかがえます。神棚の前に座ったユタに「あなたは今日はどこから来たの」と聞かれたので「東京です、生まれは奄美大島です」と答えると、「あら、大島からいらしたの。私は行ったことないけど、やっぱり私たちみたいな神事する人がいるの？」などと、興味ありげに聞いてきました。私は聞かれたことに答えました。

「沖縄によく来るの？」と聞かれたので、「いいえ、小学生の頃の沖縄海洋博の時と、高校の修学旅行の二回来たきりです」と答えると、ユタは少し困った顔をして、「来年は来る予定ある？」と問いました。「ないです」と答えると、「私の役目はあなたのご先祖様を遡って、十三代前のご先祖様が供養を求めているとか、そういった供養の間違いからくる不運を見つけて、ウガン（御願）を立てたり、ウガンを下げたりすることなの。一度ウガン立てると毎年やらなくっちゃならなくなるから、毎年来れないとウガン立てられないね～」とのことでした。

どうやら、地元に根ざした先祖供養の指導が中心らしく、それ以外のことはできないらしいです。でもこれが本当の沖縄のユタだと思います。ユタというのはシャーマンであり、その土地にあって必然的にうまれた存在であると思うからです。その土地に住む者たちに、昔ながらの必要な情報や知恵を与えることができる存在こそがユタだと思いました。あとはざっくばらんに世間話をして、二十分くらいで帰ることにしました。

親戚の女性にもどんなことをユタの所に相談に行くのか聞いてみたところ、最近ユタの所に行った話を聞かせてくれました。女性は二階建ての家に住んでいて一階がパワーストーングッズのお店で二階に住んでいます。ある日、二階の階段から一階に下りるときに足をひねって、危うく大怪我をするところだったそうです。それがなんの障りなのかをユタの所に聞きに行ったら、「前に別のユタにウガンさせた先祖が間違っているからそのせいだ」ということになり、ウガンを外してもらい、正しい先祖にまた新しくウガンを立てたそうです。

彼女は「あなたが探しているようなユタは見つけられなくてゴメンネ」と言われました。私は「沖縄で暮らす人たちのユタに対しての認識やユタ事情も大分わかってきたので大丈夫ですよ」と答えました。ついでに「何か神棚に飾れるような物が欲しい」、とリクエストすると、国際通りにある仏壇通りのようなところに連れて行ってくれました。すると仏具店ばかりで神具店が見当たらないのです。彼女にたずねても、「沖縄は観音信仰だから神式の道具を扱っている所はわからない」と言いました。そんな中で、鳳凰が描かれたレプリカのノロの扇子を見つけたので購入しました。

お墓参りの同行

私の祖母の実家は、もともとは空港のある場所にあり、土地計画で家を手放したそうです。親戚は小禄に住んでおり、お墓は赤嶺にあります。一度お墓を見てみたかったので案内してもらいました。沖縄のお墓は度肝を抜かれるほど大きいです。奄美の小さな家ぐらいの敷地があるのではないか、という印象です。沖縄は家族や親戚が集まってお墓の前で宴会をして、先祖と一緒に過ごすような風習があります。そのために十分な広さを確保しているのかと思ったほどです。お墓の中も覗かせてもらいましたが、人が入れる広さです。親戚がお墓の前で黄色い紙を燃やし始めたので、それは何かと尋ねると「これはあの世で使うお金さぁ〜、先祖が不自由しないように燃やして送るさぁ」と言っていました。先祖が夢枕に立ってお金が足りないとねだるようなケースもあるそうです。沖縄と奄美は同じ琉球文化に属する、と言いますが、こんなに違うのかと改めて感心しました。

お墓参りとは別に、沖縄には御嶽《ウタキ》と呼ばれる拝む場所が二千カ所近くあると聞きました。御嶽はそれぞれの何代前の先祖が関係している、といういわれがあり、子孫がそれを探して拝むそうです。また間違いがあったら御願を取り下げるなど、ユタにお願いして儀式をするそうです。

斎場御嶽《せーふぁうたき》はノロの最高権力者、聞声大君《きこえおおきみ》がそこから見える神の島、久高島に向かって拝礼をしていた場所です。近年、その場所から金の勾玉が発掘されたそうです。その場所で私が霊感的に見たものは、ノロの行列でした。位や役割がはっきりしていて規律が厳しい女性だけの神事をおこなう巫女的集団。確かにこの場所で祭事が行われていたんだ、と感じました。

中城城《なかぐすくじょう》

中城城に行くと、古い歴史ある城跡、アーチ門の所に当時の兵隊の門番の姿も視えました。不思議なマークが書いてある赤い旗も視えました。その後、博物館に入って驚いたのですが、そこには当時の兵隊の姿と赤い旗の絵がありました。私がついさっき霊感で視たものと同じで、親戚も私の話を聞いていたのでびっくりしていました。当時の兵隊さんは炎天下の中、鎧も着てお腹も空いて大変だったんだな、と体感しました。

沖縄では人の運命をハンジするような力は、神様から帳簿をもらってできるようになると言われています。ほかにはいろんな権限を示すハンコをもらうという考え方があるそうで、「あんたは帳簿もらっているんじゃない？」と言われました。開闢神アマミキョが上陸した場所や、久高島などいろいろな聖地やパワースポットを案内してもらい、霊視的にはいろいろと視ることができました。ただし、私の身体が反応した場所は首里城だけでした。

沖縄から東京に戻ってしばらくすると、案内してくれた彼女から電話がありました。娘二人を連れてフラッと立ち寄った古いレストランで昼食をとって帰ろうとした時、急に娘の一人が、足が痛くなって動けなくなったとのことです。「これはあまりにもおかしいので、何かの障りじゃないか。視てほしい」とのことでした。「まだ私はユタになりたてだし、電話で視たことがないから自信ないですよ」と伝え、電話を握り締め、親戚の声からその場所に意識を持っていき、研ぎ澄ませてみました。

すると、右足を損傷した兵隊が松葉杖をついて立っているのが見えました。「痛い足は右側の膝から下か」と確認すると「そうだ」と言ったので、私の中で確信を持ちました。そして「お抱えのユタのところでお祓いをしてもらって」と伝えると「あんたお祓いできないの？」と言ってきました。試しに習いたてのお祓いをしてみることにしました。

受話器の前に、酒の代わりに水の入ったコップを置いてもらい、私はその水に目がけて祓い口（お祓いの呪文)を吹き込みました。それを私の代わりに口に含んで問題の場所に吹いてもらいました。するとどうでしょう。一瞬で痛みが消えて、スッと立てたとのことで、祓い口の威力を目の当たりにする体験となりました。「あんたそれだけの力があれば、沖縄くれば成功するよ。こっちに来ればいいのに。もうお客さんいっぱいいよ」なんて言ってもらえて嬉しい限りでした。

沖縄で泊まったホテルで夜中に廊下から水が漏れているような音と、ピチャピチャと誰かが歩くような音を聞きました。沖縄に行った人からこのような体験を聞くことが多いのには頷けるところがあると思いました。

宮古島

親戚に宮古島へ行く話をすると、「なんでそんな所に行くのか」と言われました。理由を尋ねると、「あそこは琉球王朝時代は犯罪者を隔離する流刑の場所だったところよ。エネルギーが低いから私たち本島の人間はあんまり行かないよ」とのことです。どうやらここにも差別意識があるようでした。宮古島には昔、NHKの「脳と心」という番組でユタのドキュメンタリーがあり、そこに神がかりを起こしている女性を指導するユタが出演していたので、その方にも会ってみたいというのがありました。自身の神がかりの経験や神様との交信時の脳波測定等、私はTVに釘付けになって見ていました。そのユタ自身も激しい神がかりを乗り越えてきたとのことで、神がかりで苦しむ女性の背中をさすりながら涙ぐむ姿が印象的でした。

ご自分の神がかりについてはこう話をしていました。「ある時から不思議な夢を見るようになった。ホテル開発で敷地内にある井戸が現れるようになり、誰かが自分に『井戸を掘り起こせ』と言うのが聞こえ始め、周りの人に訴え始めたが誰も耳を貸さない。その声はエスカレートしていき、ボロボロの服を来て半狂乱状態で村中を『井戸を掘り起こさないと大変なことになる』と叫びながら歩いた。精神的にも限界になり、死のうと思って海に向かって歩き始めたものの、海水が胸まで浸かる所に来たところで何か透明な壁に阻まれて前に進むことができなくなった。『私は死ぬことも許されないのか』と落胆。その時に天空から大きな龍が姿を現した。その龍を見てからは落ち着きを取り戻し、井戸のことについても触れなくなった」

その井戸は、結局掘り返されることはなかったようです。そのこと自体には意味があったのか、謎を残したままです。その番組を見ていて、私が驚いたのはそのユタの神棚に一枚の絵が飾ってあり、そこには仙人のような杖を持った老人の絵が描かれていました。自分を導き指導している神様だとのことで、ご自身で描かれたような絵でした。この絵のどこに私が驚いたかというと、仙人の瞳が黒一色に塗られていたからです。私の神様も瞳が白い部分のない黒だけの瞳だけで私も同じく神棚に黒目の女神を描いて飾っているからです。この共通点にもとても興味を覚えました。

私も神がかり始めの高校生の時から指導霊として仙人がずっと側にいて、いろいろと怒られたり叩かれたり褒められたりしていました。奄美も沖縄もユタになっていく過程で最初に仙人が導くという話はとても多いです。奄美のユタは神棚に必ず神馬の置物を置いていますが、沖縄のユタは龍を置いている人が多いです。

東京から直行便の飛行機で宮古島に到着しました。まずは情報収集です。ユタの情報を集めるにはタクシーの運転手が一番いいのを私は知っています。島の人はよくタクシーを使うので、どこのユタに行く人が多いとか、ユタ情報が自然に集まるからです。その運転手が詳しくなくても、タクシー無線で他の運転手に尋ねてくれます。書籍などで事前にリストアップしていた情報をもとに訪ねたり、新たな地元情報を聞いたりしました。事前リストのユタ二人と新たなユタ一人、合計三人のユタの連絡先を知ることができました。宮古島のユタは夜型のようで、暑い昼の時間は活動しておらず、涼しくなった夕方近くの時間から深夜二時、三時くらいでもお客様を招いているとのことで、奄美との事情の違いに驚きました。奄美の場合はティダガナシ（太陽神）の力を借りて鑑定や祓いをするとの教えがあり、日の出から昼の三時までのユタが多いです。午前中に尋ねたら夕方来るように言われましたので、出直すことになりました。時間つぶしで御嶽や神社などを回りました。

あるいわれのある洞窟では身体半分が女性、もう半分が緑色の鱗に覆われた半魚人のような精霊を視ました。あれはなんなんだろうと思いました。また奄美とは違う霊的風景でした。海辺の喫茶店に立ち寄ると、そこのママさんがスピリチュアル好きでいろいろと教えてくれました。宮古島の御嶽を調査している人が立ち寄って、宮古島には二千くらいの御嶽がありそうだと話していたそうです。それと宮古には石の庭というパワースポットがあり、そこを目指してやってくる人が多い、という情報も頂きました。早速石庭に行ってみると、そこには四人ぐらいの先客がいて、一人のおじいさんを挟んで和気あいあいのムードでした。話を聞くと、このおじいさんが一人で地中から珊瑚石を掘り起こして石庭を造ったとのことで、一人の人間の力では無理ではないだろうかと思われる重そうな大きい珊瑚石が立ち並んでいました。

もともと宮古島は珊瑚の上にできた島で、どこを掘っても珊瑚があるそうです。このおじいさんの話によると、ある時、庭に仙人が立っているのが見えて、ここを掘れと言われたことから始まったとのことでした。この石庭は地球のヘソであり、ものすごいエネルギーが出ていて、そのエネルギーの力を得てサンゴを掘り出している、とのことでした。いつからか口コミで噂が広がり海外からもパワーをもらいに人がやってくるようになったそうです。本も出しているようで、その場でサイン付きの本を買っていく人もいました。珊瑚を掘り出した後の穴も見ることができましたが、かなり深く掘ってあって、丸太のような棒でテコの原理で持ち上げたと言っていました。普通に考えたら腰を壊しそうですが、おじいさんは元気ピンピンな感じでした。

ユタ巡りの話

一人目は四十代ぐらいの若手女性で、まだユタになりたてのようで、あまり霊視も得意ではないということなので、いろいろと体験談を聞きました。神がかり自体はそんなに激しいものでもなく、つらい思いもしていないような様子でした。大きな龍神が視えたとのことで、神棚に大きな龍神様の置物がひときわ目立って置かれていました。神棚に置いてあるものも、奄美のユタ神様の風景とは随分と違っていました。同じ琉球のユタと言っても、もとはその風土にうまれたシャーマンであり、全国的に言えば土着の拝み屋さんだと思います。その土地に必要があってそこにいる、時代とともに必要がなくなれば衰退する、ということです。

海に囲まれた島々は本土の影響を受けにくい、ある種、閉鎖された孤島でもありますので、全国にもあっただろう古いシャーマニズムの世界が、時代に取り残されたかのように今もなお生き生きとそこに根ざしているのだと感じました。

二人目は八十代くらいのキャリアも豊富な方で、宮古のタクシー運転手によれば地元で有名とのことでした。深夜の一時頃に来てほしいということで会いに行きました。この方はある書籍でも紹介されていたので、会いたかったお一人でした。とても気さくな方で神棚の前で写真も撮らせてくれて、神衣装に着替えポーズなども取ってくれました。この方の神がかりは壮絶だったようで、やはり自分の身体の前と後ろに神様が挟むように立って、どこにも逃げられない状況でいろいろな修行をさせられたそうです。ある時「息を引き取ったばかりの人を起こしてほしい」と緊急の依頼があって、神様に願うと生き返ったことがあるというような話もしていました。ただものすごくパワーがいるので、自分も命を削られるからやりたくないと言っていました。

三人目はＮＨＫの番組に出ていたユタです。興味深い話がたくさん聞けました。宮古島で初めてトライアスロンが開催される数日前に、そのユタが朝、神棚に向かって拝んでいると、海で人が溺れている映像が視えてきたので、関係者に注意を促したそうです。しかしその声も届かず、お告げ通りの場所付近で男の人が溺れて亡くなった、とのことでした。また干ばつの際、役場からの依頼で雨乞いの祈りをした時に雨が降り出したことがあるという話など、いろいろと聞くことができて、とても有意義な旅となりました。

石垣島

　私のお客様で東京の不動産会社に勤める方がいました。その方が石垣島に転勤され、「もし石垣に来ることがあったら是非案内させてほしい」と言ってくれていたので、お言葉に甘えて案内してもらうことになりました。地元民御用達の石垣牛やソバなどがおいしい店を教えてもらったり、車で牧場などの観光案内もしてもらいました。それから地元のユタ情報も集めて案内してもらいました。

　一人目は人里離れた畑の中にある小さな一軒家に住む女性ユタでした。やはり島民以外はほとんど依頼を受けたことがないというユタで、強い方言で話すことが多く、案内してくれたお客様も東京の人でしたので、残念ながら方言がほとんど理解できませんでした。やはり土着した先祖供養の正しいやり方の指導をする方のような感じでした。昔ながらのユタの姿を見ることができたようで嬉しかったです。

　もうひとりのユタは、地元ではかなり人気があるようで、アポなしで行ったところ予約は全て埋まっているとのことでした。しかし私が東京から来ているというのを知って、「五分でよければ」ということで見てもらえました。「自分の神様の拝み方に不足がないかどうか」という程度の簡単な質問をして、「問題ない」ということで終わりました。とても人相がよく、愛を感じるおばちゃんユタでした。待っている間に前の人の相談内容が聞こえていたので、勉強のためにしっかり見ました。

お客さんは常連さんなのか、その方の家族構成等や病気のことなどもよく知っている感じで、どこまでがこれまでの続きの内容で、どこまでは霊感による回答なのかはわかりませんが、アドバイスの仕方が的確で、とても頼れる感じでした。沖縄で出会ったユタでは最も優れている印象でした。

その後、竹富島や西表島の滝やマングローブカヌーなど観光も楽しんで、琉球列島ユタ調査の旅は終わりました。西表島では私の名前を呼ぶ声に振り向くと、東京のお客様に会うといった不思議な偶然もあり驚きました。

第五章　ユタたちの神ざわりと神がかりの調査

神ざわり＝ユタ神様になるべき人として生まれた天命の証（神の石を動かしたりして災いが起こったりする現象などにも使う言葉）。

神がかり＝神様が身体に乗りかかり踊らされたり、神の言葉を話したりする。

天命を持って生まれただけではユタ神様になれません。たくさんの困難や試練に耐えて、間違いのない自分自身の聖なる川を見つけ、神に認められてユタ神様として落ち着けるのだと思います。また、神様にお願いして使命を放棄することも、延期することもできる、ということも知っておいてほしいと思います。

自然界で起こることと同じように、霊界という大海原に出た、生まれたてのユタ神様はスキだらけですので、いろんな敵が狙ってきます。迷い神、迷い霊、狐、狸等にとりつかれて、裸足で歩いたり、わけのわからない言葉を発したりします。

一般の方には神ざわりと精神疾患は見分けがつきにくいですが、精神疾患には大概原因があり過去の事例による病名が付きやすいですが、神ざわりは過去の事例に当てはまりにくく病名も付けられにくいです。

そして、大きな違いは神ざわりの場合はサインを出します。そのサインはこの章、もしくはこの本全体に散りばめていますので、もし身近に疑いのある方は参考にしてサインを見つけ出し適切な対応をして下さい。周りの人たちの理解と助けが必要です。

ゆり子の十日間

昭和三十九年、辰（ユタは午の次に辰が多い）の年に玉のようにかわいい女の子が生まれました。その子は、ゆり子と名付けられ、誰からも愛されるようなとても優しい子に育ちました。やがて高校二年生になり十七歳になったある日のことです。

ゆり子のお母さんが「上で泣き声がしない？」と言いました。お父さんは「え、歌でも歌っているんじゃないか」と言いました。上から、ドスン、ドスン、ギャー！という音がしたので、お父さんはお母さんに「おい、お前、上見て来い」と言いました。

お母さんは、いつもなら静かに勉強をしているはずの二階のゆり子の部屋のドアをそっと開けてみました。中は真っ暗で、人の気配もなく静まり返っていました。お母さんが「ゆり子、ゆり子」と呼び、電気をつけてみると、なんとベッドの隅で真っ白い素肌に真っ白いシーツをグルグルに巻きつけてうずくまるゆり子がいました。

お母さんが「まぁ、ゆり子どうしたの、泣いているの？」とゆり子の肩に手を置いた瞬間、ゆり子は「くっ、くっ、くっ、は、は、は、わっあははは、ああああ〜、ギヤー！」と大きな声で不気味に笑いだしました。その表情には、優しいゆり子の顔はなく、まるで恐ろしい鬼のような形相になっていました。お母さんは恐ろしさに声も出せず、後ずさりしました。

お父さんは「ど、どうしたー、ゆり子、どうしたー！」と駆けつけて来て、母の背中を支えながら叫びました。ゆり子は一瞬沈黙したかと思うと、今度はすくっと立ち上がり踊りだし、時にはジャンプをして激しく踊りました。お父さんは「お、おい、おい、どうしたというんだ、何が起こっているんだー」と言い、お母さんは「ゆり子やめてー、お願い神様、助けてーー、あぁぁぁ」と叫びました。

するとピタッと動きが止まり、ゆり子は静かに腰を下ろして正座しました。そしてとても美しく優しい表情を浮かべ、宙に両手で四角をなぞり、その四角いものを大切に天に上げるような仕草をして両手を合わせるという動作を繰り返して見せました。その後、ゆり子はバタッと倒れ、死んだように眠りました。

それからは、話もできない、ご飯も食べない、起きている時は、泣く、笑う、踊る、抜け殻のようにぼーっとしているだけのゆり子でした。父と母はどうしていいか分からず、とりあえず、病院に連れて行きました。食べていないので、まず点滴を打つためにベッドに寝かせていると、やはり泣き出す、大きな声で笑い出す、そしてベッドの上で踊り出すありさまでした。

病院の先生もたまりかね、「この症状はうちでは診られません。精神病院へ行ってください」と言われる始末でした。やむなく精神病院に連れて行くと、このままでは窓から飛び降りたりする危険性があるからと、鎮静剤を打って眠らされました。原因もわからない、治るのかもわからない、とにかく眠らせ続けるしかない、という医者の判断に任せるしかありませんでした。

その間、父親はユタ神様の所に相談に、数件走り回りました。そこで言われたことは、「魂が抜けているから手遅れだ」「泣く神様はいい神様だけど、笑う神様は悪神だから助けられない」でした。結局誰も助けられない、とのことでした。

ゆり子に付き添い続けている母親は、起きては注射で寝かせられるしかない娘を「できるなら自分の命と引き換えてでも守りたい」と、強く思いました。短期間でみるみるうちに衰弱し、注射を打たれ続ける腕も紫色に変わっていきました。

お母さんは「先生、腕がこんなに紫色になっているのに注射を打ち続けて大丈夫ですか」と言いましたが、医師は「我々は命を優先する立場です。今、彼女を起こしたら何をするかわかりません。お母さん、今はこらえてください」と言いました。

症状が出て九日目、お母さんは決心しました。「何があっても我が子を私が守る」と。ゆり子が少し目を覚ました時に、お母さんはゆり子に話しかけてみました。

「ゆり子、どうしたい？　お家に帰る？」。なんと、動けないはずのゆり子の両手が宙に上がり、いつか見た美しく優しい笑顔で四角い形をなぞり、すくい上げ、手を合わせるという動作を見せました。

お母さんは「うん、うん、わかった、ゆり子はお家に帰って神様を拝みたいのね。明日準備して迎えに行くから、おウチに帰ろうね」と言い、ゆり子は少し笑顔を見せ、安心した表情を浮かべて静かに眠りました。

次の日の朝早く、そそくさと準備をしてお母さんとお父さんは病室に迎えに急ぎました。とても心地の良い朝、小鳥はさえずり、久しぶりに我が子を連れて帰る喜びに胸が踊ります。病室に入ると、ゆり子はなぜかまたあの時と同じように真っ白い素肌に真っ白いシーツをグルグルに巻きつけて横になっていました。少し薄暗いカーテンの隙間から一筋の光がゆり子の嬉しそうな表情を優しく照らしていました。

お母さんが「ゆり子、迎えに来たよ。またシーツぐるぐる巻きにして、お母さんはずすよ」と言いました。しかし、何かがおかしいと気付いたお母さんは「ゆり子、ゆり子、ゆり子ー！　起きてよー、母さん迎えにきたよー、約束したでしょ！」と叫びました。看護婦さんが入ってきて脈を取り、先生を呼びに行きました。

お母さんはゆっくりとゆり子の顔に近づき、冷たくなった頬を撫ぜました。口からは真っ赤な血がひとしずく流れていました。お母さんは、その血がゆり子が声にならない最後の声で発した血の言葉と受けとめました。

「母さん、神様拝みたい」

解説

二〇一五年十月に私はこのお話をゆり子（仮名）の母親から聞きました。ゆり子の妹二人がヒーリングを受けに来たのがきっかけで、ヒーリング中に一番下の妹が神がかりのサインを出してきたので事情を聞いている中で、ゆり子の話を聞くことになったのです。神がかりは長女ゆり子、次女、そして三女にきているようです。

私はこの話を聞いて、今後一切、こんな悲劇が起きてはいけないと強く思いました。ユタとしていろいろな方のお話を見聞きしてきましたが、こんな切ない亡くなり方をした話は聞いたことがなかったのです。神ざわりが原因か、対処法が原因かは今となっては分かりませんが、このような事態を解決するためには、過去の事例やユタの専門的知識が必要です。

本当の精神病か神ざわりかは、本人が示すサインをしっかりと見極めて、まず本人が望むことをさせてあげることが解決の糸口であると私は確信してます。

「ゆり子が出していたサイン」

1. 白いシーツを巻きつけていた→シロギン（白衣）。神様を拝む時にユタ神が着る衣装
2. 四角い形→高盆。奄美独自の神様を拝む時に使う特別な台
3. すくうように手を動かす→神様がそこで待っている
4. 手を合わせる→神様を拝みたい

「ユタ神様に言われたこと」

1．笑う神様は悪神だから救えない→私の考えでは、これまでの事例から、神ざわりの時は霊的にスキだらけになり、迷い神や迷い霊、狐や狸の霊が乗り移りイタズラをするようです。

2．魂が抜けている→動いている限りは、呼び戻すことができると私は思っています。

ゆり子の場合の解決方法は白い着物を着させて、高盆に榊とお酒、そして米とお吸い物を用意してあげれば落ち着いたと思います。そして自分の拝むべき神様としっかり手を繋げて強く守ってもらえたのだと思います。私は今回のお話を聞いて強く決意しました。ユタを救えるユタを育てて奄美に残すことです。

姉に起きた実体験

二〇二三年三月二十九日にお客様から寄せられた貴重な記録です。お客様が書かれたことです。

それは、令和がスタートした直後に始まりました。ある日突然、姉が姉でなくなりました。動画を送ってもらい姉の行動を見て、初めて事の重大さを知りました。身体を揺らしたり、手振りで何かをしている、見えない誰かと会話をしている。今までに見たことのない行動は、何を意味しているのか？

姉の中に別人格の者が入り込み、動かされているような……理解不能〜恐怖？というより不気味に感じました。子供への思いが人一倍強い姉、自分のことより他人のことを優先する姉、そんな優しい姉がどうして？　働き過ぎて心が折れてしまったのか、それとも頭の中の回路が壊れてしまったのか。どうすれば良いのか、途方に暮れました。

一晩様子を見ましたが、状態が変わらないので病院へ行くことにしました。本当にすがりたかった方の存在。普通はこんな姿を見せられたら病院へ直行ですよね。でも、私たちはユタ、ノロ、自然の神の存在を知る奄美大島出身。これは神がかりなことではないのか……とまず疑います。病院へ行く前に、私たち家族を三十年来支えて下さったK神様のもとへ助けを求めに行きました。必死の思いですがりに行きましたが、K神様は高齢のため身体のことを考慮して、既に人を助ける儀式は辞めていました。「今は何もやってあげられないから病院へ連れて行って」との言葉を頂き、信じて病院へ向かいました。

はじめは心療内科へ、手に負えないと精神科専門の別の病院へ行かされました。精神科では、姉の行動を診て即入院が決まりました。神がかりでなく、病気ならば病院で治療さえしてもらえたらどうにかなる。見えない恐怖に怯えましたが、良くなることを信じて退院するのを待つことにしました。

入院中の様子

錯乱状態の時は独房部屋で、薬で何日も寝かされていたようです。酷い時は手足を拘束されて動かないようにされていた。それだけ自分をコントロールできなかったのです。酷いように思いましたが、姉の命を守るために仕方のない行為だったのでしょう。詳しくは話せませんが、姉の中でもいろいろなことが起こっていたそうです。

断片的にしか思い出せないところもありますが、入院生活は地獄だったそうです。どうにか一回目の入院を終え、無事に退院して帰って来ました。薬の副作用が酷く一日中寝てばかり、なかなか元の生活には戻れない。家で過ごせるだけで良いか……と思うことで皆安堵しました。

しかし不思議な行動は突然始まります。調子が良くなり周りが喜んでいると、数日後それが怪しい行動に変わる。いつの間にか別人格が姉を支配する。集落を巻き込む迷惑行為、以前よりも激しい錯乱状態を起こすようになりました。そうなると姉のパワーが強くなり、誰も止めることができなくなります。また病院へ、そして即入院。そんなこんなを四回繰り返しました。

自分が知らないところで、自分が自分でいられなくなるなんて、姉自身本当につらかったでしょうね。側で見守るみんなも、いつその時が来るのか恐怖と不安で生きた心地がしなかったと思います。入退院を繰り返しても姉は良くなりませんでした。

入院する度に薬の量が増える。それは姉に生きる希望、気力を失わせ、一日中寝かされる治療。

動けないので体力がどんどん落ちていきます。変わり果てて行く姉の姿を見ていると、手遅れにならないかと焦り、他に事例がないか、必死にネット検索しました。身体の震え、口のガクガクは薬の副作用が影響して出ていることに気付きました。

主治医に相談すると、普通の患者には効く薬も姉には効果がないことを告げられる。主治医自身もお手上げ状態だったのか、家族の意思を優先して薬を減らし様子を診ることにしました。残念ながら薬を減らせばまた錯乱状態が起きます。そうなると病院へ、そして即入院。

そんな時に、主治医が変わりました。こちらの希望で脳の検査をしてもらうと、新たな病気が発覚しました。薬の見直し、今までの治療のやり直し。あー、一からやり直しかと落胆、でも治る希望も出てくるのではないか。期待通りに少しは良くなりましたが、長期的な薬の服用で副作用が強く、思い通りにはなりません。

病気というだけでは解決できないことが起こる

姉はもともとの疾患に加え、脳の病気を宣告されました。どちらが影響しているのかは誰にも分からない。令和から現れた姉の症状、それとともに姉は不思議な体験をいろいろするようになる。他人の思いを深く感じ取る、亡くなった人を感じる力が宿る。誰にも信じてもらえない、私と姉だけが信じる世界。

そんな時、病弱だった私の息子が天命を全うし力尽き、向こうの世界に旅立った。その直後から姉は私の息子を感じ取り、話すようになる。私しか知り得ないことも言い当てる。霊との交信でしょうか、私にとっては嬉しいこと。姉の言葉に救われ、ドン底から立ち上がることができました。私は救われましたが、その行為は姉にとっては良くないこと、息子の霊だけではなく悪い霊との交信も同時に受けてしまうらしい。

体調が良ければいいですが、体調がすぐれない時は、悪い霊に支配されてしまう。それでまた病院へ、そして即入院。離れて過ごす私でも日々苦しかったのですから、姉本人、側で見守る者はもっと苦しかったと思います。もう薬では治せない、私たちの力ではどうすることもできない。奄美に残る神の力を借りないといけない。ようやく自力を諦める。K神様を卒業して、この世界から離れたかった私たち家族は、もう一度神の力にすがることにしました。

円さんとの出会い

すぐにでもどうにかしてほしいものの、K神様には頼れず新たな神様探し。運良く親戚を通して円さんの存在を知りました。初めはリモート、しかし姉を支配する何者かの影響なのか、姉は円さんを拒絶し受け入れてくれなかった。円さんが本物であるかも分からなくなり、初回のリモートが失敗に終わったと落胆しました。

二度目は、姉の入院中に円さんに家に来て頂きました。すると山の神とイタズラをする神の存在を知りました。それが姉に影響しているのか、半信半疑ですが円さんに言われた通りの儀式をしました。山の神へのお願い、イタズラをする神に家から出て行ってもらう。今できることをやって頂き、今後やるべきことを教えて頂きました。

姉が良くなっていることを期待し、退院してくるのを待つことにしました。気のせい？　退院してきた姉は少し落ち着いていました。円さんの力が効いたのでしょうか。その後、豹変したり、錯乱状態になる行為は起こらなくなりました。円さんにしてもらったことを、タイミングを見て姉に話しました。初回とは違い、姉は素直に円さんを受け入れてくれました。

いよいよ終わらせる時がくる

姉の強い意思を山の神に伝える儀式をします。「ノロの引き継ぎはできません」と、姉自らの口で山の神にお断りするのです。前回、円さんが探し求めていた場所で儀式は行われました。昔は、集落の皆さんも利用していた大切な場所で、今では忘れられつつある山の一角です。式の間、森の中は風で木々が揺れ、優しい風の音、激しい風の音を繰り返し、一瞬、音のない無の時間もありました。円さんの声と太鼓の音が響き渡る不思議な空間でした。

たまたま立ち会った私でも、円さんの力強い言葉を聞いて、気持ちが軽くなり心が温かくなるのを感じました。儀式が終わると姉の身体は震えていました。しかし、話す言葉は今までとは違い力強かったです。何かが吹っ切れたような、自信が出てきたような気がします。その後、少しずつですが元の明るい姉が戻ってきています。相変わらず睡魔との戦いは続いているようですが、穏やかな時間を過ごしています。このまま何事も起こらないことを願います。

目に見えない不思議な世界・ドン底を経験した選ばれし者しか見えない世界

見えない力こそ、私たちは信じることで救われます。たくさんの方の力を借りて今、姉と私たち家族は丸四年掛けて暗いトンネルを抜けました。やっと明るい世界に戻ってきたと心から思います。思いだけでは解決できないことは必ず存在します。その解決方法を知っている私たちは幸せです。日々、自分の意思で生きていきます。どうにもならないことが起こってしまったら、その時はまた円さんにお願いします。イヤ、もう二度と円さんの力を借りることがないように、強い心で生きていきます。

円さんの力は私たち家族にとって本物でした。遠いところまで来て頂きありがとうございました。感謝しています。お身体を大切に今後もたくさんの方を救ってあげてください。

筋治しの村田さん

円集落に腰の痛みや捻挫などを一発（十分程度）で治す〝筋治しの村田さん〟（男性）と呼ばれる有名なゴッドハンドがいました。

村田さんの母親が円集落最後のユタであり、私が導かれた川の聖地と同じ場所を聖地としていたことで、私と神的に何か関係があるのではと、過去に一度訪ねたことがあります。その時、既に村田さんの母親は亡くなっていました。母親から、引き継ぎとして神道具を取りにくる者がいるからその人に渡してほしいと遺言を受けているとのことで、何かしら秘密の条件を言い渡されているようでした。私はそれには適合しなかったようで、神道具を見せてもらえませんでした。

その時から約二十年が経った頃、私のお客様で腰の痛みに悩んで治療方法の相談に何度も来られる方がいらっしゃいました。ふっと村田さんのことを思い出し、占った結果も良かったので、その方に紹介をして実際に奄美に受けに行ってもらった所、電話でこんな喜びの報告を受けました。「円先生、一発で痛みが消えました！　テレビやマスコミで紹介されるゴッドハンドをたくさん回りましたが、すぐに効果を実感できたのは初めての経験です」

私自身も喜びとともにとても興味を持ちましたので、実際に会いに行くことにしました。電話で予約をして約束の時間に村田さんの家に近づいた時に、「イターイ、イタタタ！」と悲鳴に近い声が聞こえてきました。少し待っていると、中から中年の女性が出てきて嬉しそうに私に話しかけてきました。

「あんたもこれから？　この人、本当にすごいよ、一発で治ったよ。私ここに来るまで足が痛くて引きずってきたのに、今は、ほら！　こんなにスタスタ歩けて何ともない！」

喜びがこぼれんばかりの嬉しそうな女性の背中を見送り、村田さんの家に入りました。村田さんはどうやら私のことは覚えておらず、当時のぶっきらぼうな印象から随分と話しやすい雰囲気となっていました。私の本家が円集落ですので、私の実のおじいさんのことをよく覚えているようで、「あんたのじいさんは走りが速かったよ」などと気さくに話してくれました。

その時、村田さんの力についてインタビューしたことを、ここに残します。

ユタであった村田さんの母親は、訪ねてくるお客様を玄関先でパッと見るなり身体の悪いところを見つけて「あんた、腰が痛いでしょ、ここに横になって背中見せてごらん」と言い、横にならせ、患部を触り、数分で治していたそうです。

そんな母親のもとに生まれた村田さん。少年期には母親が村田さんに技を仕込みたくて、親指の皮膚感覚を教えようと、人の身体の悪い所を触らせたり押させたりしたそうです。しかし全く興味がもてなかったので逃げてばっかりいると、いつの間にか指導もされなくなりました。

その母親がやっていた筋治しの技は、神様から教えられて自然にできるようになったと村田さんは言っていました。その時代に別の集落にも筋治しをするおじいさんがいたそうですので、もしかしたら奄美に古い時代にあった民間療法の一つかもしれません。それが医療の発達とともに衰退していったのでは、と私は考えています。その民間療法の技を村田さんの母親は霊的に昔の施術をする人から教わったのかもしれません。

ユタであった母親が亡くなり、青年になった村田さんは、ある時円集落で行われていた運動会を見ていました。すると役員席の横で足をくじいた男性が、痛みでもがいているのが見えました。村田さんは何かに背中を押されるようにすくっと立ち上がりました。その人の方へ足が勝手に向かって行きます。そして、なぜかその人の治し方がわかり、気が付くと今やっている方法と同じ筋治しをしていました。あれだけ痛かった足が嘘のように治ったので、本人だけでなく役員席から見ていた方々もびっくりしたそうです。

　それから、そのことが口コミで広がりどんどんと人が訪ねてくるようになり、最初はお金でなく大好きなお酒をお礼にもらう形でやっていたものが、いつしかお気持ちとしてお金を頂くようになったとのことでした。

　恐らく子供の頃に母親から仕込まれた技の土台がしっかりとあった上で、さらに皆に知らせるべく、皆が見ている前で、霊的に母親からそのきっかけを与えられたのではないか、と私は感じました。

　私も奄美のお客様で村田さんに治してもらったという方々に少しインタビューしましたが、「ここ痛いだろうが」と言いながらグリグリと親指で押されると一発で治った（再発なし）そうです。ある母親は子供がサッカーをやっていて、捻挫を一発で治してもらえるので大変助かっている、と話していました。

　これだけ頼りにしている人がいるから、村田さんがいなくなったら大変だと思い、こんなことを聞いてみました。「後継者はいるのですか？」。すると村田さんは、「これは誰かに習った訳でなく、自然にできるようになったので教えようがない。筋の場所が見えるなら教えられる。以前、噂を聞いて興味を持ったという鍼灸師が自分では治せない患者を連れて習いにやって来たことがあるが、目の前で、一発で治して見せて教えようとしたのに理解できなくて帰って行ったことがある」と言いました。

　そして、「人間の身体には髪の毛二本分くらいの太さの筋が縦に真っすぐある。その筋がクロスすると浮いた所に脂肪がついて痛みを引き起こす。その場所を親指の皮膚感覚で探して、グリグリ押して潰すと治る。できたてのものはすぐに潰せるが、時間が経っているものは潰すのに時間がかかるので、治るまで自分でできるように指導する。その方法はお酢を塗りながら柔らかくして筋をグリグリ潰していくというもの。筋の関係していない老化や病気による膝の痛み等は治すことはできない」と言いました。

二〇一八年四月十九日に再び村田さんに会いに行きました。前回、腰を治してもらった私のお客様が家族も見てほしいとのご希望があり一緒に行きました。顔なじみになったせいか村田さんはニコニコとして冗談なども言いながら、御年九十歳を過ぎているのにパワフルに「ここ、いたいだろがぁ～」と言いながら、「イタタ～」の悲鳴を楽しんでいるかのようにグリグリと訪れた二人の方を治療していました。

その時にこんな話もしていたそうです。ちょうどNHKの大河ドラマの〝西郷どん〟の撮影が奄美で行われていました。どこから情報を得たのか、そこのスタッフから村田さんに電話が掛かってきたそうです。女優さんが足を捻挫したから治してほしいと。村田さんは断ったそうです。断った理由については「そんな有名人を治して自分が世間に知られ、たくさん人が来るようになったら、島の人を治せなくなる」と言ったそうです。村田さんは奄美大島龍郷町の円集落という小さな村に生まれ、口コミで来る島人たちを救うという温かな親心のような気持ちを大切に持っている、そんな方でした。

帰り際玄関先でいつもなぜかオロナミンCをくれるのですが、ちょうど人数分あったと笑顔で見送られ、村田さんの家を後にしました。

二〇一八年四月二十五日

奄美在住の私のお客様から突然こんな連絡が来ました。「村田さんが亡くなったそうです」。そして次の日の新聞に訃報が載っていました。村田さんの娘さんの話によると、いつものように寝床につき、二十三時頃、息をしていないことに家族の方が気が付いたそうです。特に変わった様子もなく苦しむこともなく、また、原因もわからない状態で眠るように天に召されたようです。

この時に初めて知ったのですが、その娘さん（東京在住）は村田さんから筋治しの技の手ほどきを受けていたそうです。娘さんは、まだまだ人にできるレベルではないと言っていましたが、村田さん自身がそうであったように、時が来たら霊的に背中を押されてその使命を全うする日が来るのかもしれないです。

村田さんの母親の川の聖地に導かれた私もまた、高校生の時に人の身体の悪いところが白く光って見えて、取り除くと痛みが消えたという経験をしました。現在は神様から頂いた力を使い、ヒーリングで病気回復のお手伝いをしています。これも何か因果関係があるのでしょうか。

加計呂麻島のユタ神様

ある時、夢を見ました。山の谷間にひっそりと隠されたお墓の夢でした。その場所は加計呂麻島ではないか、となぜかその夢の中で確信していました。村外れの山の裏手側にある、平らな自然石を八個くらい集めて横に倒しただけのお墓。そこには本土から逃げてきたお侍さん方の魂が眠っています。私はそのお侍さん方は平家一族の落人ではないかと推測しました。全国各所にもある平家落ち武者伝説が奄美にもあります。平家一族の足跡と言われているのは、奄美に多い名字の「平」「盛」や、平家にまつわる神社と場所の存在です。また親神様の話では、神棚に榊を置くのは平家が庭に植えていたことに由来しているそうです。文字やミキ（奄美本土に伝わる甘酒のような飲み物）も平家が伝えたと、親神様は言っていました。ノロがお祭りで唄っていたとされる歌の中に「哀れ平家一族」というものがあり、平家が逃げてきたストーリーが唄われているものもあります。ただ私はこの歌は後づけのような気もします。

その夢を見た私は、無性にその場所に行ってみたくなりました。その手掛かりとして加計呂麻島のユタ神様を探して話を聞かなければと思い、情報を集めた所、一人だけ現役のユタ神様がいることが分かり、会いに行くことにしました。

まずは私の住む市内から車で古仁屋まで六十分、そして古仁屋港から加計呂麻島まで四十分、車ごとフェリーで渡ります。現地の島の方々に道を聞きながらそのユタ神様の家にたどり着きました。広々とした敷地にある平屋のお宅の呼び鈴を押しました。

「なんじゃー」。突然怒鳴るようなおばあさんの声が聞こえて驚きました。「あ、あのう～、こちらはユタ神様のお宅でしょうか?」と私が言うと、「わしはもう神様は辞めたんじゃ、誰もみらん、そんな事をしたらわしは殺される、かえれー」。誰かに追われているかのような緊迫した様子で、顔も見ずに追い返そうとしていました。

私は普通に鑑定をお願いし、その中で夢の話を切り出そうかと思っていましたが、どうやら方法を変えなければならないと思いました。そしてなぜか、家の前に座り込んでもこのユタ神様の話を聞きたいと思う自分がいました。開けてくれる様子もない扉の前で、私はここに訪ねてきた理由や自分がユタの修業中の身であることを話し続けました。

すると、やっと「ガラガラ」と扉が横に開きました。そこに立っているおばあさんの強烈なお姿にまた驚きました。背の低い小柄な方でしたが、肌の色は黒く、耳たぶは仏像のように長い、鼻は大きく、頭から顔にかけて皮膚移植したような痕跡があり、カツラを被り、鋭い眼光を放っていました。

「はいれ」と言われ、「あ、ありがとうございます、失礼します」と私は家に入り、神棚のない方の客間に通されました。畳のお部屋で大きなテーブルを挟むように向き合って座りました。

私はまず気になったことを質問をすることにしました。「どうして、易（鑑定）を辞められたのですか?」すると、元ユタは次のように言いました。

「わしは徳之島の人から遺産相続の相談を受けて、親戚一同の前で亡くなった方の意思を伝えたんじゃ。そのことに納得しない者がおったから、わしは証拠を見せるとして、わしが知らないはずの徳之島のお墓の場所などもどんどん歩いて言い当てたりしたんじゃ。そのことが裁判にまでなって、脅されたり殺されそうになったんじゃ。それ以来、わしは人の相談を聞けば殺される、もう人の相談はきかんと決めたんじゃ」

それから話は顔面皮膚移植の話になりました。

「この顔半分は尻の皮膚を移植した、頭はカツラじゃ。海で潜っている時に船のスクリューで顔をやられたのじゃ。すぐ病院に運ばれて手術となったのだが、わしはもう神様の身体になっとったから、麻酔を打とうとする医者に、この神の身体に一切何も入れるなと言ったんじゃ。神様のことなんか、なんも信じらん医者は猛反対したが、麻酔を打つなら手術はうけらんと譲らなかったから、医者も諦めてそうした。皮膚を縫う時、それはそれは気絶しそうになるほど痛かったが、なんも怖くなかった」

顔半分はお尻の皮膚だそうで、確かにその部分だけシワもなくきれいでした。

「それからわしは、手術は終わったのだから、家に帰せと言ったんじゃが、医者はしばらくは安静にしてないと駄目じゃと帰してくれんもんで、仕方なく毎日の業、朝晩の祝詞を病院のベッドの上でおっきな声で始めた。すると亡くなる人なんかが視えるもんじゃから、医者に今度はあの部屋のじいさんが明日死ぬって教えてあげたんじゃ。私が言うことが本当になるもんだから、皆が気味悪がってね、一週間で追い出された。あっははっは」

今日ここに来て初めて笑った元ユタの、その男性的な笑い方もなぜか迫力がありました。私は聞いてみたいことがあり、質問をしてみました。「親神様（師匠）はどなたなんですか？」。すると「わしは一人でなった、親はおらん」。「神口（祝詞）とかはどのようなものを唱えているんですか？」。すると「神様が降りてきて、全部教えてくれた。だから私の神口はとても強力。人を生かす口もあれば人を殺す口もある。わしは使ったことないが、呪い口というのがあってこれを唱えると、目の前の人が〝パンッ〟ち、死ぬのよ」。これを聞いて私は（それは、目の前で死んだ人を見たということなのか？）と思ってしまいました。

元ユタは、「あんたがさっき言っていた夢のお墓の話、わしはわからんが、確かにこの辺はお侍さんの昔話も多いし、探してみればあるかもじゃが、探してきてごらん」「あんたも選ばれた人じゃが、ほんと神の道は大変、難儀も多いけど、気張りなさいよ」と言ってもらえました。

帰り際に隣の部屋の大きな神棚が見えました。とてもきれいにしてあり、生き生きとしてみえましたので、決まったお得意さんだけは相談を受けているのでしょう。玄関で靴を履いていると、母親のような少し優しい表情でやって来て、「外は暑いからね、これでも飲みながら行きなさい」とポカリスエットをくれました。

実は十年以上前に、この加計呂麻島の強烈なユタ神様の話を、以前使用していたサイトに書いたところ、ある作家さんが興味を持ってそのユタ神様に直接会いに行き、その出会いをもとにして小説を書き、ベストセラーになっています。私もその時書いていた記事を削除してしまったので、今回新たに書き直しました。このユタ神様は、もう既にお亡くなりになっていますので会うことはできませんが、加計呂麻島では伝説的に有名な人なので、まだまだ生き証人がたくさんいるようです。

親神様・興ナツ子

私が「親神様が神様になった時の話を聞かせてください」と言いました。すると、いつも優しい満面の笑顔を振りまいている興親神様が急に険しい顔になり、静かに私の質問に答えてくれました。

「終戦後、食べるものもない焼け野原の中、子供三人抱えてさまよい歩いていてね。戦争で旦那さんも亡くして、おまけに神がかりで身体があっちこっち痛くてね、自由が利かないのよ。だけども気だけは男みたいに強くて『負けてたまるか、生き抜いてやる』って思って、歯を食いしばっておったの」

「ある時、川で洗濯していたら、知らないおじさんに話しかけられて『あんたに神様が来てるが、うがまんば（拝まないと）大変なことになるど』って言うわけ。だけどこんな苦しい中、『何が神様ね』って思って知らんふりしてたら、親戚が次々やってきて『私たちが皆でお金出し合って着物とお賽銭用意するから、お願い、神様の所に行って。あんたのこと見てられんから、子供たちもかわいそうよ』って私の前で泣くわけ。だから、もうしょうがないっち思って『わかった言う通り行くから、その代わり奄美で一番のユタ神様の所じゃないといかん』と言ったら、その頃奄美で一番有名だった〝よしつ神様〟（久永よしちよ）の所に行くことになったわけ」

「私は着るものもないから、いつも汚いボロボロの服着てたから、親戚が着物持ってきてこれに着替えてから行きなさいって言ってくれたんだけど『神様はきれいな着物着ていかないと見てくれないわけ？　こんな格好だけど、私は今の本当の姿を見てもらいたいから、このままで行く』と着物を受け取らんかったの。それで、よしつ神様の家に行ってドアを開けるとね、たくさん人が待っててね、皆きれいな着物着ててボロボロの私のこと見て、こそこそ話ししててね」

「やっぱりこんな格好で来てはいかん場所だと思って引き返そうとしたら、一番奥に座っている女性が私を大きな声で呼ぶわけ。そして玄関までやって来て『あんた、よく来たね、待っておったよ。もう神様が見えてるが』って言ってね」

「『皆さん、きゅうや（今日は）すみゅらんば（申し訳ないが）神様の使いをせんばならんから、お開きにさせてくりんしょうれ（ください）』。なんと、そこにいた皆を帰して、私の汚い格好のことなんかなんも気にしてない感じで、家にあがらされて『あんた、よく頑張って生きてくれた。そして、よくぞここまでおいで下さった』って言って、私の手を握ってものすごく喜んでくれてね」

「『あんたはすぐ神の道に入りなさい、もう神様待ってはおられんが』と言われて、私もこの人ならついて行きたいと素直な気持ちになったわけよ」

「それからたくさん修行して、近くに滝がなかったから、川に下りて長いホースで家から水を出して、寒い日に水に打たれてたの。『六根清浄、六根清浄……』と何度も唱えてたのが、いつのまにか『アマテラス、アマテラス……』と口から出て、それから、神棚で拝んでる時に頭の中に習字書きで『天照』と視えたから、その時、あぁ私の拝むべき神様は天照大御神様なんだとわかったわけ。

それまでは枕元にノロ（祝女）をやっていた先祖が毎晩来て、ノロを受け継いでほしいと頼んでくるからそのことを〝よしつ神様〟に話したら、『ノロは絶対に拝んだら駄目、拝むと子孫末裔ずっと拝まないとならなくなって孫たちが可哀想なことになるから』と、散々忠告されていたから、一生懸命振り払っていたの。そしたらやっと天照様が出てきて、それからはピタッと先祖のノロは現れなくなった」

「親神様が言うには『神の道に入ると、いろんな先祖や神々が自分を拝んでくれとやってくるから、絶対に迷わされたら駄目、間違うと道を絶たれるから』とね」

「だからあんたもね、いろいろ視えてくると思うけど迷わされんように、神一筋、自分の本当の神様を見極めなさいよ」というお話でした。

導き親・芋高神様

「私はね、神がかりが本当にキツかった」。そう話すのは、私の一番尊敬する導き親の芋高神様です。学校の先生のような凛とした素敵な表情でいて、時にはあどけない少女のように手を叩きながら笑う、小柄ながらも背筋が伸びたきれいな姿勢で、実際よりとても大きく見える人です。芋高神様は眼鏡の奥の水晶玉のような透明な瞳を輝かせ、間を置きながらゆっくりと話し始めました。

「私の神がかりが本当にキツかったから親神様（よしつ神様）は本当に難儀したと思うが。私は狐にとりつかれて、裸足で家の周りを昼も夜もないくらいにしょっちゅう回らされたの。着る物なんかお構いなしだから裸で回らされたこともあるが（笑）。白目むいてね、ほらこんなふうに犬みたいに両手をくっつけて前に出して、両足も揃えてピョンピョン跳ねながら前に進むわけ。みんな気味悪くて逃げていきよ（笑）。誰も助けられない中で、親神様だけは『あんたは神様の預かりものだから、私が命に代えても助ける』っち言ってくれてね〜。本当に頑張ってくれた（泣）」

「私にとりついた狐はどんなことしてもなかなか離れてくれなくて、これは普通のやり方では駄目じゃっちいうてね、親神様は私を海に連れて行ったの。二人白い着物着て親神様は神刀を持って海に入り、溺れそうになりながら『エィ、エィ！』っち何度も何度も祓い口をかけてくれたのよ。それでも狐は出ていかんかった。親神様もボロボロになりながら困り果ててね～。そして市内中心街のアーケードにある『じんのうち（レコード店）』の前の道が交差点で十字になってるでしょう。お祓いでは十文字に刀で切るということをするから、その大きな十字の真ん中でお祓いをすることになって、奄美一番の中心地・名瀬の一番人がおる場所で私と親神様は人だかりに囲まれる中、白い着物着てお祓いを始めたわけ。どういう訳か狐も根負けしたのか『もう降参じゃ』ってね、出て行ったわけ。それからね、私は一生この道を進むと決めてね、今日があるの」

「私は自分の神様の名前も神唄も自分の口から出てきた。神様の名前は『ふきだしの尊』っていうの。子供がいろいろと調べてくれて神様の系図に名前があったらしい。神唄はいつも祝詞を唱えた後に自然に口から出てくるの」と言いました。

壮絶な神がかりのお話を聞かせてくれた芋高神様は本当に人が好きで、誰か来ると踊りだすんじゃないかというくらいの笑顔で迎えてくれます。まるで探し続けていた魂の母のような存在でした。

きょうだいユタ神様

私がユタへの道に進み始めた三十代前半頃、私よりも年齢の若い二十代前半の女性が子神入りしてきました。その女性はバツイチ子持ちで、昔は相当グレていたらしく近所でも有名だったそうです。子供ができたことで更生して真面目に働いていますが、昔のイメージはなかなか消えてくれません。

ある日気が付くと、紫の着物とハチマキをして、刀の代わりに棒を持って用岬（笠利崎展望台）の急斜面を「龍神じゃが、龍神じゃが」と大声で叫びながら上っていたそうです。そして山の頂上付近に来た時に唄が聞こえてきたそうです。その唄はノロ（祝女）たちがお祭りで唄っていた平家にまつわる唄であることが、後に親神様に確認した時にわかったとのことでした。我に返ると自分の姿に驚き、いつの間にこんな衣装を用意していたのかも思い出せないまま、周りに人がいないか確認して車に逃げ込んだそうです。

親神様の話によれば、その場所は昔ノロが集まって輪になって唄いながら踊っていた祈りの場所だったそうです。それから、町を歩いていて身体が勝手に引っ張られて知らない人にくっついたりすることや、記憶にない行動も頻繁にあり、原因がわからずとても恥ずかしいと悩んでユタへの道に入ったそうです。

私の著書『奄美三少年　ユタへの道』で書いた、学校全体まで巻き込んだ前代未聞の神がかりを起こした平少年に、彼女の痩せた身体や顔の雰囲気がとてもよく似ていました。彼女も同じく霊媒体質で、すぐに霊に入られ、時に身体ごと乗っ取られてしまいます。彼女と神社などいろんな場所に行くと、すぐにその場所の神様方が入ってくるので、私はとても興味深くワクワクしました。

彼女は神棚を作り、拝み始めると大分落ち着き、二つある大きな神鏡のうち左側の鏡（海の神様を祀る）に、ガラスに刷り込まれた絵のような薄い見え方で、自分の拝むべき滝の聖地が示され、そこで成巫式をしてユタ神様となったそうです。

しかし、他の年配の子神たちが、昔のグレていた時の噂話をしているのが耳に入ってくるようになり、そのことにとても神経質になっていて、いつしか私たちとは疎遠になっていきました。今現在どうなっているのかの情報も全く入ってきません。ユタとして活躍されているならすぐに耳に入ると思うのですが――。同じ修行をした仲間として彼女の選ぶ道が幸せの上に安定していてほしいと願うところです。

遠吠えする男

私の本家のある龍郷町円集落には伝説のユタの話があります。そのユタは朝四時ぐらいになると裸同然で「シル山（白山）」の木の上に登り、まるで朝を知らせる鶏のように、はたまた仲間を呼ぶ狼のような遠吠えを繰り返していたそうです。シル山は円集落の山の上で、敵からの防塞のために白い石を積み上げた場所と、古老から聞いてます。

そのユタは小さい身体でやせ細っていたものの目は鋭くギラギラしていたそうです。シュギ（水でこねた白玉団子）だけで生きていたという興味深い話がありますが、直接検証した訳ではありませんので真実かどうかは謎です。

この男性は透視能力に優れていて人の家の様子などが細かく視えたそうです。ただ、たぐいまれな能力を持って生まれ、神の道がありながら拒否を続けて、何度も病院に入っていたそうです。

「神ざわり」というのは、神様に選ばれしものの試練です。そこには必ずメッセージが込められています。何度も何度も同じことを繰り返す、つまり筋があるのです。例えば神様がどこかの聖地に呼んでいるなら気付くまで何度も夢に見せます。

神ざわりの区別は本当に難しいのですが、原因があって一般的に誰でもかかるような身体や心の病気、または不幸等はほぼ神ざわりではないということを付け加えておきます。

殺人事件・近所に住む遠吠え女性

私の父親が亡くなった後に一人の女性が訪ねてきました。母親もよく知る人で、父がダンス教室をしている時の生徒さんだったといいます。彼女は「とても残念です、毎月命日の日にお線香を上げに来ていいですか」と言ってきたそうです。それから一カ月が過ぎて二カ月目になろうとするのに来ません。母が「あの人、毎月来ると言ってたのに」と呟きました。私は直接会っていないので顔は知りません。

ある日、東京にいた私は奄美で殺人事件があったというのをニュースで知りました。殺害されたのは飲み屋のママで、殺害したのは東京から来ていた二人の男性とのことでした。東京から奄美にやって来た男がたまたまその飲み屋に入り、自分の身の上相談をしたそうです。そこの独り身のママさんはお金のない彼に同情してしまい、しばらく家に泊めてあげました。その男は強盗を企み、東京から共犯者になる男を呼び、計画殺人を行ってしまったということでした。

狭い島ですので呆気なく犯人は逮捕されました。そのニュースのことを聞くために母親に電話をすると、母親から衝撃的なことを聞きました。殺された女性は目と鼻の先に住む女性で毎月線香を上げに来ると言って来なくなった女性でした。彼女は来なくなったのではなく、来られなくなっていたということが分かりました。そしてその女性は夜中に自宅の屋根で、裸で遠吠えのようなことをすることがありました。近所では以前から神ざわりではないかと噂されていたそうです。

ユタ殺し事件

もうひとつ全国ニュースになった悲惨な事件がありました。中心街から離れた小さな村のユタが、鑑定中に相談者が隠し持っていた刃物で背中を刺され死亡したという内容でした。犯人はすぐに逮捕され、記事によると犯行動機は「ユタが憎かった」ということでした。

早速ユタ仲間等から情報を集めたところによると、殺されたユタは年配の女性ユタで、名前は聞いたことのない方でした。犯人の名前は明かされていませんが、噂では別のユタに愛情依存していて突き放されたそうで、ユタに対する逆恨みのようでした。ユタなら誰でもよかったようです。また犯行が起こる前には、別のユタの自宅前にカラスや猫の死体が置かれる事件もあり、犯人逮捕でそのようなことも消えたことから同一犯の可能性が高いと思われます。

人を助けることを使命として活動しているユタは、その思いを相談者に勘違いさせてしまうこともあるのかもしれません。忘れることのできない事件です。

第六章　ユタの定義

ユタは伝承された祭事や神唄、または祝詞（古い方言で唱える物）を受け継いでいます。基本的には親神様（指導者）に習うのですが、なかには親神様を立てずに祖先のユタ、または神様から直接霊的に指導を受ける者もいます。その場合でも同じく伝承を受け継いでいます。

厳密に言いますと、奄美ではマブリワーシをする人のことをホゾンガナシと呼んでいます。マブリワーシとは、身内が亡くなると四十九日近くの日に家族が集まり、霊媒となるユタが死者を身体に乗り移し、最後の言葉を聞く儀式です。このホゾンガナシのことをいつしか奄美ではユタ神様と呼ぶようになったのです。

ただし、身体にとっても負担のかかるマブリワーシですので、ユタ神様によってはマブリワーシの方法を受け継いでいるものの、実践していない方もおります。特にこのマブリワーシは奄美では知られてはいますが、依頼者の身内でない限り実際に見る機会は少ないと思います。

私の考えるユタの定義は、これらの伝承を受け継いでいるかということです。何も知らない人が霊感があるからというだけの理由でユタと名乗ってしまうと、琉球文化の一つであるユタの歴史を知る上での手がかりを失ってしまうことになりますので大切にしてほしいと願います。

ユタの語源

古い本にユタのことを「世多」、世の中のことを多く知る者と書いてあるものもあります。ユタはとにかくよく喋る人が多いです。奄美沖縄共通の方言で、お喋りのことを「ユンタ」といいます。私はこのユンタが語源ではないかと考えています。

昔のことをよく知るユタ神様によれば、「ユタ」は沖縄からきた言葉で、近年学者たちが南西諸島のシャーマンを統括するために使っている言葉だ、とも言っていました。

ユタの呪術

運勢を占う、祈願、お払い、病気平癒、口寄せ等。どのユタもそれぞれの神様を持ち、また得意分野も違います。

遺伝性と偶発性

昔のことをよく知るユタ神様によれば、ユタはその一族に約七十年周期で生まれる遺伝的要素があり、ユタは孫が受け継ぐケースが多いということでした。そのユタ自身もまた、おじいさんが魔法口（法力）を使いこなすユタだったそうです。

遺伝性が強い場合、「引継ぎユタ」とか「親ホゾン」と言ったりします。また一族に該当者がいない場合、直接天から使命された者として「天ザシのユタ」と呼び方を分けて言ったりします。私の場合は親ユタから「天ザシ」と言われています。

霊感の強い母側や先祖に神がかりがいたらしい沖縄の祖母側なら引き継ぐ要素が強いと考えられますが、霊感のあった先祖も見つからない祖父側の実家のある円集落が私の聖地になったことや、指導霊が先祖ではなく山の神を名乗る仙人であったことも含め、私の場合遺伝的要素は今のところ考えにくいです。

遺伝性について〈私の血縁関係〉

●本家　龍郷町円《えん》集落

祖父＝神様などは大嫌いな人で一切信じる様子もなく、また霊感とも無縁でした。

父＝同じく霊感とは無縁の存在。

この集落の親戚関係でユタや不思議な力をもった人はいなかったようです。

●父方の祖母側　沖縄
祖母＝霊感はないがユタが大好きで、信仰心が強い。

祖母の母親（私の曽祖母）＝意味不明の言葉を話したり突然人格が変わったようになったりと「神ざわり」症状が出ていたそうですが、とても貧乏でユタのところに行くお金がないまま亡くなったそうです。

●母親側　大瀬集落（フーシィ〈大きな石〉集落。海岸に大きな立石がある）
母＝小さい時から霊感があり、戦争中はよく幽霊を見て触れることもできたという。ウトウトすることが多く、その時はいつも何人かの決まった霊と話をしているそうです。意識がハッキリすると内容を忘れてしまうとのことです。

父によれば母は寝相が悪く、夜中に大きな声で唸ったり、訳のわからない寝言を言うので隣で寝られないそうです。母に聞くと、夜中、寝ている時に頻繁に金縛りに遭い、天井から人が落ちてくることもあり、霊と格闘していたそうです。

私が正式ユタになってから、母は初めて自分が霊を視たり霊に触れたりしてきたという霊体験を話してくれるようになりました。また、私が神を拝むようになって、悩みの種だった金縛りもピタリと止まり、体調も良くなったそうで、それもまた不思議だと話してくれました。

母のきょうだいの中に一人だけ霊感がある人がいて、その能力を天理教で発揮しているらしいのですが、あまりユタとは関係なさそうです。

私が母の本家筋にユタがいなかったか調査しに行った時、おじさん（母の父親の弟、当時九十五歳）から面白い話を聞きました。

終戦後に、沖縄から島流しにされたノロが箱舟に乗ってこの大瀬集落に漂着したそうです。おじさんの家族がそのノロの面倒を見ていたそうです。そのノロは村のために神事（祭り事や人助け）を一生懸命していたそうです。

その後、奄美政府がユタ禁止令（昭和十年代の戦時体制下のユタ弾圧のことと思われる）を打ち出し、奄美全島のユタの取り締まりが始まったのですが、そのノロは許可され、その神事が許されていたそうです。

そのノロの死期が近づいた時、「私はこの家から天に昇る」と言って、自分の住んでいた小さな平屋の中心部の天井に槍を突き刺し、真下で眠るように死んでいたとのことでした。

ノロが亡くなってからは、我こそはそのノロの神道具を引き継ぐ者だと名乗りをあげて、二十名くらいの村人が神道具を譲り受けに来たそうです。その神道具は神事をする時に使うものですので、ちゃんとした扱いを知っているかの試験をしたところ、合格点をあげられる人が誰もいなかったそうです。おじさんはそれだけ欲しい人が来るほど価値のあるものだと知って、盗まれないようにどこかの土地に穴を掘って埋めたとのことでしたが、なんとその場所を忘れてしまったそうです。

そして、そんな話を聞かせてくれた後に私に向かって、「もう少し早く来てくれれば、あんたに渡したのに」と残念がっていました。私もその道具を譲ってもらえなかったとしても見てみたかったです。

まとめ

ユタの道を歩みながら、自分自身も研究者的思考でユタとは何かを求め続けました。私なりの考えをここにまとめたいと思います。

ユタとは基本的には神様からの直接使命というよりも、神様を崇拝していた先祖がしてきたことや考え方を、そのまま先祖から霊的指導を受けたり導かれたりしながら受け継いでいるのだと考えます。そのため、先祖が信仰的信念で肉を食べない主義であった場合は食べられなくなりますし、私のように肉を食べても大丈夫な場合は先祖が食べていたのだと思います。私は霊的に神様から肉を食べては駄目だと言われたことはないですし、具合が悪くなったこともこともありません。他のユタ神様の話でも霊的に神様から直接言われたという話も聞いたことがありません。ただし、受け継いだ先祖が肉を食べない信仰をしていたのなら食べない方が良いと思います。意味も分からず、言い伝えだからといって神様ではなく人が作った食の戒律を恐れる必要はありません。

ユタは先祖の受け継ぎであるという考えに至った理由についてこれからお話しいたします。

ユタになる儀式〝神つなぎ〟（神様と盃を交わす結婚式のようなもの）において、私の親神様の時代（昭和初期）頃までは白馬が使用されていました。新ユタが白装束で白馬に乗り、親神様（指導者）が祝詞を唱えて馬にシュギ（白玉団子）を食べさせると、馬が勝手に歩き出し、立ち止まった場所を掘ると、木箱に入った鏡、剣、勾玉、盃等の神道具が出てくる。それを引き継ぐべき道具として大切に持ち帰り、神棚にお祀りするという習慣がありました。

実際に私の母親の幼少期の体験として、家の前の道端で遊んでいると、白装束で馬に乗り、白目をむいて刀を振り回した新ユタが走って来たそうです。母や周りの人はひかれそうになり懸命に逃げました。その馬はそのまま民家に入って行ったそうです。そして、その家には引き継ぐべき神棚と道具があったそうです。

私の尊敬する導き親の芋高神様は、神つなぎの時に白馬が用意できなくて、背の低い黒っぽい馬（おそらく在来馬）に白い布を被せて乗ったと言っていました。馬を使った最後の神つなぎ儀式だったのではないかとのことでした。引き継いだ刃の錆びた刀を神棚に祀っていました。

馬を使わなくなった昭和初期以降のユタたちは、亡くなる前に子孫に「自分が死んだあと、神道具をもらいに来る人が現れるから渡してほしい」と遺言を残すようになっているようです。中にはキーワードを伝えて、それをちゃんと言って来た人だけに渡してほしいと伝えている場合もあります。

昭和初期以前のユタたちが、なぜ神道具を土に埋めて隠さなければならなかったか、そのヒントをある文献で見つけました。薩摩藩が奄美を制圧した時、貴重な食料や動物を神の生贄や供養に使うために、ノロやユタ狩りをしたのですが、その時にユタたちは山に登って、神道具を埋めて隠したというのです。

この頃に埋めた道具に込められた思いを引き継ぐ者が、霊的に導かれ探し当てるのだと思います。その道具を使っていたユタのやっていたことを全て受け継ぐ、川や海の聖地、拝んでいた神様、神様の名前や祝詞も霊的に自然と口から出てくる人も多いです。

私も何度か霊的に視えているビジョンがあり、どこかの山奥の小道に小さな仏像があって、その下に小さな木の箱が埋められていて、その中には神道具である盃やコップ等が入っているのです。探したくて何度か山に登りましたが、山は深く、なにせ奄美はハブがいるので途中で断念しました。

芋高神様は神様の名前も祝詞（唄）も自然に口から出てきたオリジナルのものでした。最初の親神様の興神様は習字のような文字で天照という文字が視えて、滝行をしている時にアマテラスと口から出たそうです。

私の場合は、川の聖地に着いた時に自分自身が長い剣を持ち、背中に弓矢を担いだ男と一体化したような感覚になりました、剣を天に高く振りかざし、「うおーっ」と、やまびこがするほどに叫び、「アマテラスの命」と叫んでいました。

昔この場所でアマテラスの命を拝んでいた男の引き継ぎをしたのか、その男の荒々しさから「須佐之男命」を思わせる感じもしました。またはアマテラスに仕えている男神です。

余談ですが、興神様は神がかりの時に、先祖のノロが夜な夜な枕元に座ってノロの役目を引き継いでほしいと言ってきたそうです、そのことを親神様（よしつ）に相談したところ、「ノロは絶対に引き継いではダメです。ずっと子孫まで続いていくから大変なことになる」と厳しく言われて、断り続けてやっと解放されたそうです。

私個人の考えとしては、ノロは神聖化されて、神様と思い込んでいる方も多いですが、もともとは神様を拝んでいた人間であるので、思い半ばで弾圧された無念に対する供養はしても、神様として拝むべきではないと考えています。しかし、ノロのお祭りに関しては奄美の文化として地域の方々と残すことには大賛成です。

まとめるとユタの存在は〝祖先の先に神あり〟ということを教えているのかもしれません。

第七章　奄美民俗信仰の形態

ユタの修行

一般的に修行というと寒い滝水に打たれるとか、断食のイメージがあると思います。多くの修行の目的は自己と向き合うことや、霊能力をつけて神様に近づくために行いますが、ユタの修行とは滝に打たれたり、自分自身を追い込んで精神を鍛えるといったものではありません。

ユタは自分と関係がある（呼ばれる）聖地で、生きた神々と特別の日に神様と繋ぎ（縁結びのようなこと）をして力をもらっていくのです。自分と関係のない場所で、意味のない日に、自分の意思で精神修行をしても何も霊能力はつきません。ユタ的霊能力は神が与えるものであり、我々が選んで得られるものではないからです。

修行は激しい「神がかり」（神様がのり移ること）の中で行われ、悪霊に対する恐怖心等を克服し、それに耐えた者だけがユタになれるのです。

行くべき聖地はたくさんあります。奄美ユタは奄美だけでよいのではなく、琉球全島またはユタによっては、本土や国外にまで広がる方もいます。

【目的】

●神様と繋ぎをして力をもらい、ユタとしての役目を悟っていきます。

●相談者の神ざわり等を鎮める場合、多くの神様と繋ぎをしていると有利になります。

【内容】

●聖地に行く時は、必ず海の水で身を清めてから正装で行く。

●線香、米（三合三勺《さんごうさんしゃく》）、神酒、シュギ（七個）、餅（二個）を供える。

●祝詞を唱え、神がかりになり踊る（神様は唄と踊りが好き）

【修行形態】

●七日七夜（同じ聖地に行くこと）

●七カ所参り（一日で七カ所回ること）

奄美と沖縄の名字

文献によれば、琉球を侵略した薩摩藩は本土人と琉球人を区別するために名字を変えさせたとあります。本土ではあまり使わない漢字を使わせ、さらに、奄美は一文字姓（元、中、円……）、沖縄三文字姓（具志堅、与那嶺……）としました。

そのような歴史的背景があったので、一文字姓のままだと本土に行くと肩身が狭い思いをしたのです。その後、時代が変わり奄美は名字を変えることが容認されて、多くの人が一文字にもう一つ漢字を足して二文字姓に変更しました。例えば、「円」姓を「円山」姓に替えたりしました。

そして、各家庭の家系図が琉球王朝に繋がってゆく歴史を抹消するために、そのようなものも焼き払ったとされています。

陰（奄美）と陽（沖縄）の関係

ある研究者が、今井権現の旧暦九月九日の祭りを見て、イザナギ・イザナミの男女二神が降り立った地は、男神は沖縄、女神は奄美（今井権現降臨の地）だと思う、と興奮して言ったそうです。


【土着信仰の違い】

沖縄＝高い山が少なく、太陽を真っすぐ浴びる平坦な土地のためか、太陽信仰であるヒヌカン（火の神＝太陽の一部）が根っこにあります。

奄美＝平地が少なく山が多い熱帯雨林、雨が多く水が豊富で〝水の島〟とも呼ばれています。水神信仰であるアムィゴ（先祖が命をもらった川）が根っこにあります。

【民謡の違い】

琉球民謡（沖縄）シマ唄（奄美）の世界からみても陰と陽の大きな違いがあります。

沖縄＝太陽（男性）的に力強く、男性が主になっている（太い弦→音程低め）

奄美＝月（女性）女性が主ですので、男性も女性キーに合わせて裏声を使って唄う。切ない（細い弦→音程高い）

※一説には裏の声、神の世界に通じる声、神と交信する時に神語として使われていたとか、神がかりになって神と交信するためにユタが唄っていた唄が、シマ唄の始まりだったと言われています。奄美シマ唄の中には、現在でも唄うと不思議なことが起こるとして慎重に扱われている唄が実際にあります。

名称と役割

【消えた幻の経典「時双史《ときそうし》」】

琉球の民間信仰では「吉日選び」に重要な宗教的意味があります。その考え方のもとになっているのは中国伝来の経典です。

一五〇三年（?-）頃、古く沖縄の伝説的人物に、「京のウチマルキ」「堂の比屋」「ムクダ大時」「安里大親」という、月をよみ、日を知る天体観測者、占い師、預言者として民衆に知られた者たちがいました。

やがて王府の開明政策に触れることとなり、二百年ほど前にその所依の経典「時双史《ときそうし》」も焼き払われました。
◇トキ
男性の巫覡で、日の吉日を選ぶ。古く宮廷の巫覡長を時之大家子《トウチヌフヤク》といい、公的魔術師として、政治上に大きな威力を持っていました。
・物知り（ムヌシリ）
・書物（シュムチ）
・三世相（サンゼソウ）
トキの流れを汲み、さらに中国の方術の知識などを習得した者たち。
◇風水見（フンシミー）
いわゆる風水師のことです。現在、沖縄風水と呼ばれていますが、古くから沖縄では家、店の建築や墓の位置などに、この占いが取り入れられています。

《公的祭事者》
◇聞得大君（キコエオオキミ）
ノロの最高権威者。即位式では首里からセーファウタキまで大行列で歩き、金の枕を神様と共にし交わり、金の髪飾り、金の勾玉を身に着けた、あの卑弥呼を思い起こさせるような存在。

◇祝女（ノロ）
部落の宗教的代表者で、かつての公議の祭りの女神官
◇根神（ニーガン）
部落を代表とする神女
◇ウクデイ
各門中から出る神女
◇司（ツカサ）
先島諸島でウタキ単位に置かれた神女の長

そして聞得大君は別として、公的祭事者たちをまとめて神人《カミンチュ》と呼びました。神人になる女性は霊感有る無しではなく、それぞれの家筋から出た処女の娘や姪から、ユタやムヌシリが関与して選定するのが通例でした。

※参考／『沖縄・奄美の民間信仰』（湧上元雄、山下欣一共著、明玄書房、一九七三年）

ユタと間違われやすいノロ

ノロは琉球王朝時代の国家公務員。世襲制、団体活動で村の祭事を行う。霊能者ではありませんので占いはしません（先祖からの引き継ぎ・女性限定）。

琉球王朝の時代に作られた政治制度で、現代で言えば神社庁の管理する神社の巫女さんのような存在です。首里王府から発給された辞令書を基に、各島々の村に配置され祭事を担当する国家公務員のような位置づけでした。琉球王朝の時代が終わったので本来はノロの役目も終わりですが、村人の心に深く根付いてしまった信仰心はなかなか消えずにいます。

一六〇九年に薩摩藩は琉球侵略をし、その権力を知らしめるために、薩摩兵に民衆の前で神に仕えるノロたちを馬で引き回させました。厳しい弾圧に耐えられず、ノロが次々に飛び降りたとされる悲しい岬も存在します。思い半ばで亡くなり、神への信仰心を強く持っていたノロが先祖にいる場合、子孫のユタの前に現れて祭事を続けてほしいと霊となって現れ、願ってくる場合が多いのです。その中でユタが関与する場面も少なくないのですが、ノロの祭事は衰退の一途をたどっていますす。現在（二〇二三年）では、奄美大島では一カ所となっています。

現在は奄美・沖縄に住んでいる人でも、探求したり民俗学を学んだりした人でないと「ノロ」と「ユタ」の違いを説明できる人は少ないです。

参考にしたのは、次の文献です。

・『琉球国由来記』（一七一三年）には全地域（奄美を除く）二百四十九人のノロの名とその拝所が記されている。
・琉球王国から奄美のノロに発給された辞令書
・「奄美諸島のノロ（女性祭司）関係文書」（高須由美子）

ノロの記録

奄美では現在も行われているノロのお祭りを見ることができます。

・国指定重要無形民俗文化財指定「平瀬マンカイ」

龍郷町にある秋名集落では毎年旧暦の八月に行われています。

・資料映画

①『奄美のノロまつり1 ―加計呂麻島―』

一九八七年／カラー／三十四分／製作・民族文化映像研究所／鹿児島県教育委員会委嘱

②『奄美のノロまつり2 ―奄美大島―』

一九八八年／カラー／三十二分／製作・民族文化映像研究所／鹿児島県教育委員会委嘱

ユタ神様の神拝み

奄美には原風景的な古い信仰の姿が残されているかもしれません。そんな思いを抱きながら私の見聞きしてきたことを書いていきたいと思います。伝承文化は語り継がれていく中でかなり変化していくものだと思います。また私の考えも入りますから、ここに書かれることが全て正しいと解釈しないでください。

・神拝みの順番
ヒヌカン　火の神（女性が中心の一般信仰）
ディク　　大工の神（山で木を切るなど、大工道具を使う男性が信仰する）
アムィゴ　水の神（特別な女が拝む）
テルコ　　太陽神（ユタが拝む）
※ユタの場合は、大体全部を拝んでいます。

ヒヌカンの祀り方

ヒヌカンは、昔は竃《かまど》の神として、土や粘土で竃の形を作って拝んでいたものが時代の変化に伴い今の形へ変わってきました。昔は一般的であったようですが、今ではそのことすら知らない世代になってきています。

竃の神は奄美に限らず全国的にもありますから、どのような地域でもできると思います。一番簡単な方法は、神社で「竃の神様の御札を下さい」と言えば大概もらえますので、それを火の元の上に貼って祀るというものです。

我々の祖先は古代より火を使って調理をし、食事をしてきました。火はその家の繁栄の証しでもあります。また、火を燃やし煙を天上高く上げて神様に願い事をしていましたから、ユタが神の道を開くにしてもとても大切なのです。

神の道は火から始まると言っても過言ではないと私は思っています。そして、火の煙が簡略化されて今のお線香になったのだと思います。

沖縄のヒヌカンは太陽の火の意味だそうですので、同じ呼び方でもその意味と祀り方や心得が大きく異なりますので、注意してください。

ディクの祀り方

ディク（大工の神）は、山の樹木の恩を受けることを感謝するために一般家庭で神棚を作って拝んでいます。火の神（竈の神）は女性が拝むのに対し、この大工の神は男性の神とも言われています。山の神、センサク仙人、テンゴの神と呼ぶこともあります。

私が円集落の本家に行った時も祀られていました。奄美の大工道具屋では大工の神を拝むセット「指鉄（方言・バンジョウガネ）、墨壺（方言・シンチブ）」等が用意されています。

アムィゴの祀り方

奄美の聖なる川に行くと、いたるところに水神崇拝の痕跡があります。一般家庭においては、ユタのハンジにより、その家の誰が水神様を受け継ぐかが決定されます。

家族全員が集まり、ユタを招き特別な日にハンジのための儀式をします。ユタが祝詞を唱えはじめると、水神様を受け継ぐべき人の身体が小刻みに震えるなどの反応が現れ、その様子などから、ユタが決定します。

水神様のお世話をする者として指名された女性は、家族の代表とされ、聖なる川へ行き、身を浄め、いろいろな儀式や祝い事を、家族の繁栄のために生涯続けます。

奄美の一般家庭ではこういったことが伝承され、繰り返されてきましたが、現代では衰退してきているようです。しかし、我々ユタにとって、水神様は神人合一の土台的存在で、今もなお伝承し続けています。

神棚での拝み方

ユタは毎朝毎晩四十分くらいかけて拝みます。

特別な日には特別な祝詞とお供え物でお祭りをしています。

それぞれの神棚には、そのユタの個性が強く出ています。ヒヌカン以外の神様もひとつの神棚におまとめしています（水の神、山の神、ノロ様、先祖神等）

神道具

◎高盆

奄美独自の四角い箱形で側面に月の型をくり抜いています。これは箱舟の意味もあり、神に向かって真っすぐに航海していく、そんな気持ちを込めて神に願うそうです。大工さんに特別に作ってもらいます。

◎島太鼓（チジン）

馬、牛、ヤギの皮を使用した奄美独自の太鼓ですが、ユタは馬皮を使います。

◎シロギン（白の神衣装）

生地を買ってきて自作するか職人に頼みます。大事な祭りの時は袴をはいたり、白いハチマキをしたりします。

◎しめ縄

ユタの家の玄関には一年中しめ縄が下がっています。

◎神馬

奄美ユタ神様の特徴でもあります、神様は馬に乗ってやってくるという考えから、必ず神棚に置かれています。

◎日の丸の扇子を二つ、天照大神の掛け軸なども特徴的です。

◎鑑定道具

多くのユタはコップに焼酎を入れてそれを覗き込む、または鏡に映るものを視て占います。お酒を少量飲むと視えてくるユタや、お米を見ながら霊感を研ぎ澄ます方もおります。

◎魔除けの貝

クモ貝

奄美では七本角を持つクモ貝を、魔除けの貝として玄関などに吊るす習慣があります。私は神棚の両方に吊るしています。

ある研究者の本には、大昔この貝の角を折って、魔除けとして首に巻いたものが、巴形をしていることから、これが勾玉の始まりではないかと書いてありました。

◎水字貝（スイジ貝）

もう一つ似たような役割の貝があります。六本角ですが漢字の「水」という文字に似ていることから、火事から水の神様が守ってくれるという意味を込めて玄関先に吊るしています。

◎魔除けの植物：ハマユウ（浜木綿）

昔は魔除けの花として玄関先に植えていました。海岸などでよく見られます。

第八章　活動拠点の変化

私は多摩川園で独立を果たし、女性誌などの取材も受けるようになりました。マスメディアにも顔を出すようになって幸先の良いスタートをきることができました。しかし多摩川園は交通の便も良いとは言えず、あまりメジャーな場所ではないため新規のお客様の広がりがこれ以上は期待できないと感じ、マンションの二年更新を待たずに一年半で移転を決めました。

方位学によるとその年は「神奈川県の方角に行くべし」と出ていたのですが、神様にたずねた時には逆の「自由が丘に行きなさい」とのことでした。後に分かったのですが、多摩川園に来たのはお月様からの力を頂くために神聖なこの場所が必要だったのです。この話はまた後で詳しく致します。

おかげさまで自由が丘に移転したことで何倍もお客様が増えて仕事は安定していきました。自由が丘では看板も掲げ、一見さんがふらっと入れる占いのお店のスタイルにしましたので、タロット占いも復活させました。恋愛や仕事の一般的な占いの相談はタロットで行い、霊的な問題やカウンセリング要素の強い人生相談はユタのスタイルで受けるということにしました。

相談内容によってタロットとユタでは向き不向きがあるのですが、お客様は自分の相談内容がどっちに向いているのか判断できないのです。単純に霊感を使うユタの方が当たるだろうというような人が多く、毎回その説明をするのが大変でした。自由が丘の十一年間はずっとその問題が解決されずに苦悩していました。

第二の神がかり

自由が丘に移転してから十一年が過ぎた頃、何が原因か分かりませんでしたが、私は突然心にぽっかり穴が空いたようになり、ボーッとするようになりました。ある時買い物に行って、スーパーの外の椅子に座っていたところ、私を見かけた知人から「座ってる姿が、まるで魂が抜けたおかしい人に見えた」と言われ、検査を勧められました。まず脳ドックで精密検査し、その後、精神科を受診し、安定剤を処方されて飲み始めました。

その頃、ＴＶのコマーシャルで頻繁に目にする女性歌手の歌がとても気になっていました。暗い海の上で赤い衣装で民謡のようなコブシをきかせて歌う独特の歌唱法は今までに聞いたことないスタイルでした。日焼けしたその女性のことを私は沖縄の人だと思い込んで見ていました。ある日、その人の特集番組があって奄美大島のシマ唄出身者だということが分かりました。その独特の神秘的な歌い方もシマ唄の歌唱法そのままだということでとても興味を持ちました。

その頃、私は毎週一人でカラオケに行くことが唯一の心のバランスをとる時間でもあったのです。ふっと、あの歌はどんな歌詞なんだろうと思い、カラオケ画面に流して歌詞を読んでみると、海の女神様のことを歌っている内容でした。それを読んでいたら突然声を上げて大泣きしている自分がいました。なぜ泣くのかを冷静な自分が答えを探し、そして分かりました。

奄美大島に帰りたい、もう一度奄美の海で子供の頃からやり直したい、そんな気持ちになってしまったのです。今いる場所が奄美でないことに、強烈な違和感が沸き上がりました。奄美の海や山が私の魂の母であり、そこに帰るべきだと考えるようになってしまったのです。それから私の頭の中はずっと奄美大島でした。高いビルのエレベーターからみえる風景が、あやまる岬（奄美の有名スポット）の大きな海に見えたり、食べ物も奄美の物を求めたり、深夜一人で線路の上を歩いて奄美まで行こうなんて思ってしまったりしました。ボーッとしている症状はより酷くなり、三十八歳で東京を引き払い奄美に戻ることにしました。

ユタを辞める

私は高校生の時にユタ神様からユタとなる使命を言い渡され、「神様にすがって生きなさい、そうすれば全てのことがうまくいくから」と言われ、それを赤子のようにひたすら信じて神の道を受け入れ、なんの疑いもなく真っすぐ進んできました。自分がユタとして生きることで周りの人も幸せにできると思ってきました。ところが私が奄美に帰ることで、一つの大きな汚点を残してしまうことなり、自分の至らなさと無力感に苛まれ、ユタを辞めようと思ったのです。

勝手に辞めることもできたのですが、親神様が亡くなった後も一番頼りにして尊敬していた導き親である芋高神様にはちゃんと話をして、筋を通して辞めようと思いました。いつものようにアポなしで行くとタイミングよく他にお客さんもいなかったので、すぐに見てもらえることになりました。芋高神様はいつものように玄関で嬉しそうに手を叩いて喜んで迎えてくれました。

そして鑑定が始まり、白ギンを着た芋高神様は私が持ってきた焼酎を神様に捧げて背中越しに祝詞を唱え始めました。すると突然祝詞を唱える声がピタッと止まり、少し間があり、ゆっくりと私の方に向き返りました。メガネの奥の水晶のように澄み切った瞳には涙が溢れていました。

「あんた、ユタを辞めようっちね！」。私は心臓が飛び出さんばかりに驚きました。まだ何も話してなかったからです。「あんたいろいろとつらかったね、よく分かるよ。私もいろんなつらいこともあったけど、ユタを続けてきたことは良かったと思ってる。だからあんたも、お願いだから辞めないで続けてほしい」

芋高神様が私のために泣いてくれている、私にはそれだけで十分でした。その涙のために続けていこうと思えたのです。「あんたはこれまで本当に一生懸命やってきた。神棚も高盆一つにして祝詞の時間も少なくして小さくでもいいから、自分のやりやすい方法で続けなさい」。私は神棚の大きさや作法にこだわることは止めて、自分のスタイルでやっていってもいいんだと分かり、続ける決意をしました。

競い合うように大きくしていた神棚も増えた神道具も整理してコンパクトにし、朝晩四十分くらい唱えていた祝詞も短くしての再出発です。ユタになってから奄美に帰る度に必ず芋高神様の所には顔を出し、お祓いをお願いしていました。「あんたはもう自分で祓えるでしょう」と言われても、「いや自分で気が付かないうちにとりつかれているかも知れませんし、そのことに気づかないくらいテングになっているかも知れないのでお願いします」と言って、やってもらっていました。

そのあとは必ず上機嫌で太鼓と神唄で私を神踊りさせてくれていました。私もこれが大好きでした。芋高神様は九十五歳まで現役でお客様をみていたと聞きます。私の目標です。私も死ぬ間際までユタとして誰かの話を聞いていたいです。

奄美での活動

私の実家は元紬工場でしたが、小学四年の時にその敷地に四建てのビルを建て、二階が住居で一階は三つの店舗になっていました。その内の一つが父親の弟が借りている喫茶店で、その空きスペースを借りてタロット占いをさせてもらうことになりました。車がたくさん通る道路沿いなので宣伝にもなると、占いの看板も置かせてもらえました。奄美にはユタ神様はいても、占いのお店などはないので、逆に東京スタイルの占いを奄美の人にも知ってもらおうと決めました。料金は東京スタイルにはできないので、島の物価に合わせて三千円を基本にしました。

実際に始めてみると、お客様から「入りにくい」と言われました。その理由は、都会にはない感覚でした。「この場所は車からよく見えるので、自分が占いの看板のお店に入っていくのを人に見られると、どんな噂になるか分からないので見られたくない」ということです。島の事情を知り、一カ月ちょっとで喫茶店でやるのを止めて、二階の自宅でやることにしました。それと同時に神棚のある部屋でユタの鑑定スタイルもスタートしました。この場所ならビルの階段を上る姿も見られにくいし、見られても看板も出してないので、噂されることはありません。

ただ次の問題点がタロット占いの時間で区切るスタイルでした。「あの人、キッチンタイマー置いて占いしている」と噂され、島の人たちにはなじみがなく、良くない印象を与えてしまいました。受け入れられるまでかなりの時間を要しました。時間を決めないと予約を入れることができないので、何を言われても貫くことにしました。

さらに立ちはだかる次の問題点です。一部の人はとても時間にルーズで、平気で遅れてきたり、来なかったりします。またしても東京ではあまりなかった問題に突き当たりました。私も最初は寛容に受け止めていましたが、これはその人の問題だと分かったので、酷い人はお断りするなど毅然とした態度を示していきました。そのうちちゃんと約束事を守れる人たちが来てくるようになりました。

この頃の奄美ユタのスタイルは、鑑定料金はお布施でアポなし、鑑定時間も次のお客さんが来るまでといったアバウトな認識が一般的でした。私もユタの時は合わせることにしました。しかしタロット占いの流れで恋愛相談に来る若い子たちは、お布施の意味があまり分かっておらず、料金はいくらでもいい、時間もいくらでもいいと思われてしまいました。二人で四時間相談して二千円ということもあり、生活ができなくなってしまいました。そしてアルバイトをしなければならない状況にまで陥ってしまいました。

東京に戻る

そんな時に東京のお客様からカムバックの声があり、いろいろと考え始めました。自分の身体はこの奄美で皮膚呼吸をさせていないと、またおかしくなります。しかし生活のことを考えると島では先が見えません。一方で東京のお客様の相談を電話で聞いていましたが、島生活になじんでくるとだんだんと東京の感覚がわからなくなってきて、アドバイスもキレが悪くなっていくのを実感していました。

奄美にいると海の外のニュースや情報が他人事となってくるので、興味がなくなっていきます。恋愛の相談で「出会いがない」と言われても、「どうして東京のような大都会で人がいっぱいいるのに出会いがないと言うんだろうか」と思ってしまいます。ビジネス事情も分からなくなっていきます。

しかし東京にいれば世界が見えてくるので、奄美の人でも海外在住者の人の相談でも、聞く感覚が養えるのです。それで奄美と東京を行ったり来たりする生活が一番良いと考えるようになりました。奄美に戻ってきて二年後、四十歳になる時に、また東京へ戻る決心をしました。二年間も長い夏休みを過ごしたあと、またあの東京のアスファルトの上をコツコツと急ぎ足で歩けるのだろうかと不安でいっぱいになりましたが、いろいろな人に協力してもらい、また東京に戻ることとなりました。

奄美の山で携帯をなくしてしまい、東京のお客様との繋がりも切れてしまっていました。私はもう東京に戻ることもないと思っていたので、ほぼ再出発のような感じでした。知人が大手町で使っていない会議室を無償で貸してくれるとのことで、そこをセッションルームに使わせて頂きました。しかし、まだまだ生活できるほどのお客様の数はいなかったので、占いのお店で働くことにしました。

占い界では名の知れた知人に相談したところ、自分が籍を置いている原宿の老舗の占いの館に推薦してくれる、というありがたい話を頂きました。その方の推薦と、その占いの館の面接官がユタに興味を持っていて私のことも以前からメディアで知っていて私に会いたかったとおっしゃる方だったことから、ここでもオーディションなしで入ることが決まりました。

そこは完全占い専門のお店なので、霊感はタブーとしていました。私は霊感は掲げず、ユタの部分は隠してタロット占い師として所属することとなりました。十一年間、全国からやってくるいろんな占い師方と過ごしながらいろんな刺激も受けました。そして別の場所で続けてきた個人セッションのお客様も着実に増えてきて、池袋にセッションルームを持てるようになりました。段々と個人セッションのお客様の方が多くなって原宿のお店に行ける時間もなくなってきたので、籍は置いたままですが一旦退くこととなりました。

東京に戻ってからは、定期的に奄美に戻って出張セッションをするようになりました。東京の占いスタイルを普及させようとあえてユタとは語らずタロット占い師として活動を始めました。十年ほど経つと、奄美では私がユタであることを知らない人が増えていきました。私自身もユタとしてのセッションの仕方が分からなくなっていたというのが本音です。あくまでもタロット占いとしてセッションする中で、霊視を活用しながら方法を模索していました。

時にはオーラや守護霊様の絵を描いたり、霊障がある方にお祓いをすることもありました。しかし、これは私が勝手に模索していたので、特別料金を頂くこともなく自分から霊視をしたことも言いませんでした。この技術はタロット占いとは全く違うユタの霊力を使って行うものです。ただ私が語らずとも口コミで来てくれる方の中には「ただのタロット占い師ではないよ、霊能者だよ」と聞いて来たと話す人もいました。私は自分から語らないので、聞いてはいけないと思っている方がほとんどのようで、密かに口コミで広がっていきました。

ある程度の模索が終わり、少しずつタロット占いと霊能鑑定の差別化をするべく、霊能部門のメニューを作り始めました。現代の人たちに受け入れられ、私自身もちゃんと生活ができるだけの収入を得られるセッションスタイルを考えて行きました。二〇一九年からは新型コロナウイルスの大流行でセッションスタイルも対面からリモートへと姿を変えました。

気が付くと沖縄からのお客さんも増えました、話を聞くと沖縄に本物のユタが少なくなったといいます。特に口寄せ（亡くなった方を身体にのり移させ会話をしてもらう）をするユタは奄美でも沖縄でも確実に減っていく傾向です。口寄せに関しては身体がキツイという理由からやりたくないというユタの話をよく聞きます。私自身は全く身体に負担を感じませんのでおそらく体質でしょう。

リモートでも口寄せができることが分かりました、今まで対面じゃないとできないと思っていたことが、ビデオ電話でリアル通信ならほとんどのメニューができるのです。十七歳から始まった私のユタへの道ですが、現在五十七歳（一九六六年六月十七日生まれ）になりました、残る時間を逆算する年齢です。タロット占い師はもう日本にもたくさんいますので、あえて私が続ける意味もないと思います。そのため今後はユタの分野に舵を切って、新しい時代のユタとしての生き方を模索しながら自分の役目を全うしたいと思っています。

円聖修氏と私　1

石川徹郎

十二歳から二十五歳までの間、私の人生は暗闇に包まれていました。酒に溺れる父、そして私が中学二年生の時に家を出てしまった母。その後の家族の状況、ブラック企業への就職……。私は若く多感な時期に、人生で多くの試練に直面しました。しかし、彼女（後の妻）の家族の信仰を通じての祈祷師との出会いが私を救いました。その経験を通して、私は霊的な力の存在を強く信じるようになったのです。

再び人生の岐路に立った時、円聖修氏（以下、円氏）との出会いが私の運命を大きく変えました。転職したホワイト企業では誇れる仕事に従事することができました。難度の高い案件はライバルも手ごわく、幾度か修羅場も経験した一方で、多くの達成感を得ることができました。仕事内容に伴う収入や、一緒に働くメンバーにも恵まれ、私のキャリアは一変しました。

私は会社生活での充実を実感する一方で、六十歳を前にして第二の人生へのスタートを切りたいという願望がありました。

安定した生活を捨てることにはとても迷いましたが、円氏のアドバイスを受け、早期退職をなんとか決断することができました。

第二の人生では、ある出来事が理由でやめてしまっていたサーフィンを復活することが目標でした。過去にあった海での悲劇（弟の死）から二十年以上が経ち、私はサーフィンへの情熱を再び燃やしていたのです。

しかし、年相応に身体は衰えており、若かりし頃のようなパフォーマンスには程遠いものがありました。

とりわけ持病の腰痛は深刻で、私は円氏にサポートを求めました。二人で一緒に試行錯誤を繰り返しましたが、その後、名医と巡り合うことができ、私は再び波に乗る喜びを実感できるようになったのです。

しかし、時には円氏のアドバイスを無視し、失敗することもありました。

その頃、経験値を上げ、自信を持ち始めていた（調子に乗っていた）不動産投資は、のちに初めての損切りを経験しました。

また危険と助言をもらっていたバリ島でのサーフィンでは、慣れないハードな波に飲まれ、サーフボードで脚を挫創、現地病院で十二針の縫合手術を受けました。

これらの出来事を通して、私は円氏と多くの接点を持ちました。

時にそれは生身の人間円氏とのプライベートな時間でもありました。

例えば円氏と私は、お互いをB級グルメと認め合う関係です。

その時々でそれぞれ行ってみたいおいしそうなお店を見つけ提案しあい、よくランチに出掛けています。

また円氏は仕事柄なのか、服装にもこだわりを持っています。私からのアドバイスが参考になるようで、よく助言を求められます。

円氏との楽しい食事やおしゃれな時間の共有は、私が新たな仕事へ向き合うエネルギーになっています。

私がこれまでの人生から得た教訓は、努力と感謝の重要性です。しかし、それは成功や幸福を約束するものではありません。円氏との出会いが私の探究心を高め、新たな成功へと導いてくれました。

私は円氏のこの物語が、あなたの人生にも希望と勇気をもたらすと信じています。

この本を手に取ることで、試練や困難に立ち向かうヒントが見えてくるはずです。

円聖修氏と私　2

福　寛美

円聖修氏と初めてお会いしてから、もう十年以上たちます。円氏はずっと前からホームページを作っておられました。奄美出身で、ユタガミの修行をされ、正式な儀式を経てユタガミになられた方、ヒーラーやタロット占い師としてもご活躍の方、そして興味深いコラムをたくさんお書きの方に、ずっと興味を持っておりました。また、時々更新されるホームページもよくチェックしておりました。

円氏が信用できるシャーマン、と思ったのには理由があります。それは、料金設定がはっきりしていて、明朗会計だからです。ホームページには料金表があり、基本料金と、時間が超過した場合の料金がはっきりと示されていました。東京という大都会でシャーマンとしての霊能を使ってお金をいただくことの意味、そして適正価格とはどういったものか、ということを私は円氏のホームページから学びました。

私は法政大学で琉球の神歌を教えています。かつての琉球は盛んに祭祀が行われており、神歌には霊能や霊力に関わる言葉がたくさん出てきます。そういった授業に興味を持って出席する学生たちの中に、霊能が高く、それを自分で持て余し気味の女子学生がいました。「どのようなシャーマンに相談に行ったらいいのか」と女子学生に尋ねられた時、私は円氏を勧めました。

女子学生は円氏のところに出かけ、当時、私が興味を持っていた奄美のユタガミについて書いたプリントの話をしたそうです。すると、円氏はそのプリントを読んでみたい、と言われました。私は円氏に一回お会いしてみたかったので、ご挨拶とプリントの内容について話をするため、円氏のところに出かけました。それから円氏とのお付き合いが始まりました。

お付き合い、と言っても一方的に私が円氏からお話をうかがうだけでした。私はユタガミやユタについての本や研究論文は読んでいました。それは知識として知っていた、ということです。一方、円氏はユタガミになるべき霊能を持って生まれ、原因不明の身体の具合の悪さを体験し、ご両親がとても心配した時期もありました。そういったお話をうかがうことは、霊能が大きいゆえの苦しみや悲しみを、よく知ることでもありました。

やがて円氏が高校生になると、同級生に円氏とは別の意味で霊能の高い少年たちが二人おり、三少年はお互いに影響しあって霊的な冒険をするようになりました。その三少年の話は、霊能高く個性的な少年たちの青春の物語でもありました。その少年時代の話を書籍にするお手伝いを、私がさせていただきました。そのことは、私にとって光栄なことでした。

また、円氏との十年余りのお付き合いの中、霊能力開発ツアーにご一緒したり、円氏を親ユタとしてユタガミになる方の儀式を参与観察させてもらったりしました。これは、円氏に直接申し上げるのは失礼なことかもしれませんが、円氏は活躍の幅を広げるに伴い、ご自身の霊能も相当に上がったようにお見受けしております。

不可視の霊能の世界は奥深いのですが、一般の人間にはわかりにくいことも多いです。私は零感ですが、神霊の世界の存在と、霊的なものの影響力の強さを少しは知っているつもりです。何でも気さくに話してくれる円氏は、私にとってとても魅力的なクライエントであると同時に、常に尊敬すべきすばらしいシャーマンです。また先に、円氏のお話をうかがい、自分の研究も深めていきたい、と思っています。

■著者略歴
円 聖修（えん・せいしゅう）
1966年、鹿児島県奄美大島に生まれる。
17歳　神がかり体験を経て、ユタ神様への道を志す。
24歳　東京にて、日本にタロット占いを広めた伝説の魔女占い師にスカウトされ、タロット占い師として原宿でプロデビュー。
26歳　田園調布で霊能者として独立。
28歳　奄美で儀式を経て正式なユタ神様となる。
現在、東京池袋に活動拠点となるセッションルームを構え、奄美にも定期的に足を運び、悩める方々の心と身体の健全化を目指して活動を行っている。その活動は評価されることとなり、各マスコミにも取り上げられている。また奄美のユタ神様文化をこよなく愛し、民俗学研究者と共に調査研究と後継者育成にも余念がない。
著書『奄美三少年　ユタへの道』2017年、南方新社
ＣＤ『AMAMI YUTA SECRET GOD SONGS（アマミ ユタ シークレット ゴッド ソングス）』2024年、tunagu
【円聖修公式サイト】https://en-s.unison.jp/
【ユタへの道】https://yuta.unison.jp/

■監修者略歴
福 寛美（ふく・ひろみ）
1962年、東京生まれ。
学習院大学院博士課程単位取得退学。文学博士。現職は法政大学兼任講師。法政大学沖縄文化研究所兼任所員。
著書に『有内麗のスピリチュアルな冒険』（文芸社）、『平安貴族を襲う悪霊の風』（新典社）、『歌とシャーマン』（南方新社）などがある。

ユタに生きる　上巻

二〇二四年十月十日　第一刷発行

著　者　円 聖修
監修者　福 寛美
発行者　向原祥隆
発行所　株式会社 南方新社
〒八九二―〇八七三
鹿児島市下田町二九二―一
電話〇九九―二四八―五四五五
振替口座〇二〇七〇―三―二七九二九
URL http://www.nanpou.com/
e-mail info@nanpou.com

印刷・製本　シナノ書籍印刷株式会社
定価はカバーに印刷しています
乱丁・落丁はお取替えします
ISBN978-4-86124-518-3　C0011